ツタンカーメン王墓出土の楽器

エジプト学と音楽学のはざまで

野中亜紀 著

はじめに

　「古代エジプト音楽」と聞いて、皆さまはどのような音楽を思い浮かべるだろうか。

　本著は、2021年度に中部大学博士後期課程において提出した、博士論文「古代エジプト第18王朝トゥトアンクアメン王墓出土の楽器―エジプト学と音楽学の観点から―」に一部加筆（主に第7章）修正を加えたものである。

　3000年に亘る古代エジプト音楽の中で、一部の"アマルナ時代"と呼ばれた時代の音楽が中心ではあるが、読者の皆さまに古代エジプト音楽がどのようなものであったかを想像していただければ幸いである。

　現在までの古代エジプト音楽研究史に関しては、詳しくは第1章を参照されたいが、これまで日本語で読める古代エジプト音楽に関する本は、古代エジプト音楽の大家音楽学者ハンス・ヒックマンが著した「人間と音楽の歴史　エジプト（音楽之友社）」もしくは、2022年に亡くなられた偉大なエジプト考古学者リーサ・マニケが著した「古代エジプトの音楽（弥呂久）」、この2冊のみであった。

　古代エジプト音楽研究に限らずではあるが、考古学研究では『遺物資料』『図像資料』『文献資料』が重要な一次資料となる。これらを包括的に使用して研究を進めていくのがセオリーであるが、自身の研究ではまずこれらの一次資料を揃えることに多くの年月を要した。『遺物資料』は実物の楽器等であるが、出土遺物はエジプト本国のみならず、世界中に散らばっている。「古代エジプト楽器博物館」なるものがあればどれだけ楽だったか、と今でも思うのだが、エジプト考古学博物館はもちろん、イギリスの大英博物館、フランスのルーブル美術館、ドイツのベルリン博物館、イタリアのトリノエジプト博物館、アメリカのメトロポリタン博物館……多くの世界中の博物館に楽器は散らばって所蔵されていた。中部大学博士課程において研究費をいただき、世界中の一次資料に触れた体験は中部大学に所属していなければ不可能であったであろう、本当に感謝している。

そして『図像資料』『文献資料』は、音楽に関する壁画資料が主である。例えば、音楽シーン（楽器を演奏しているシーン）は個人墓の壁画、文学作品の一部に描かれているため、報告書、調査書につぶさに目を通す必要があった……これは本当に膨大な作業であった。日本において古代エジプト音楽研究者が生まれにくい理由は、第一に海外の研究者と比べて、これらの資料を手に入れる難易度が高い点が挙げられる。無論、この点は古代エジプト学全般に共通する課題ではあるが、一昔前に比べてデジタルアーカイブ化が進んだ今、他分野では資料収集は以前に比べて随分と難易度が下がっている印象を受ける。

　加えて世界的に見ても「古代エジプト音楽」に関する研究者は、決して多いとは言えない。それは研究テーマが、「音楽学」「エジプト学」2つの学問領域にわたることが大きな課題として挙げられる。自身は愛知県立芸術大学、京都市立芸術大学において6年間音楽学専攻で「音楽学」を学んだ。今だから言えることではあるが、当時を振り返ると自身のエジプト学の知識は学問と呼べるレベルではなかった。修士までは、古王国時代の音楽図像を研究対象としていたため、該当するピラミッド時代の歴史的背景を一般書で学習した、レベルであった。修士時代に中野智章先生の勧めで「古代エジプト研究会」に初めて出席させていただき、衝撃を受けた。先生方のお話していることが、半分以上分からなかったのである。辞書を引きながら必死に分からない事柄をノートにまとめ、「エジプト学」を学ぶ必要性に気がついた。そこから決心し、中部大学の博士後期課程に進み、中野先生のもとで一から「エジプト学」の基礎を教えていただいた。小学生レベルの私の知識を、博士課程レベルにまで引き上げることは、中野先生にとって大変なご苦労だったに違いないと今でも申し訳ない気持と感謝の気持で胸がいっぱいになるが、この気持は本当に言葉で表現できないほどである。

　「芸は身を助ける」とはよく言ったもので、博士後期課程で学ぶ傍ら小中学校での音楽教員職とレッスン業、そして演奏家として食いつなぐこともできた。芸大においてピアノと歌は必須科目であったため、それらの「芸」は非常に役に立った。この点は、幼い頃から音楽を学ばせてくれた両親に感謝するところ

である。音楽教員としての経験は、「音楽教育」という新しい観点からの研究テーマを自身に与えてくれた。

結果的に「音楽学」を学んだ6年と同じ月日を費やして「エジプト学」を学んだが、こうして博士論文という形で研究をまとめるには必要不可欠な年月であった。

ありがたいことに今年で8年間、サテライトカレッジにて「古代エジプト歴史講座」を担当させていただいているが、実は当初は「古代エジプト音楽講座」という名称であった。今でも忘れない、その時集まった受講生は8名。最低開講人数はもちろん下回っており、名称の問題だけではないのは百も承知であったが、当時の担当さんから名前を変えましょう、とご提案いただいて現在の「古代エジプト歴史講座」になった。その際、やはり"古代エジプト音楽"は、一般の方々にはピンとこないのだろう……ということを、身をもって実感した（そしてその当時から受講してくださっている方々には、本当に感謝である）。

サテライトカレッジでは2年前から「クラシック音楽講座」も担当させていただいている。生演奏を交えた講座はそれまで愛知ではなかったため、自身としては非常に楽しく講座担当を務めさせていただいているが、当初「この講師は、古代エジプトの歴史とクラシック講座、なぜ両方を担当できるのか？」と大学に私の素性や経歴を尋ねる電話がかかってきた、と聞いた。

「音楽学」は自身にとってホームのようなものであり、むしろ「エジプト学」において私は新参者であると思っているが、上述した経歴から両方の分野で活動することが可能である。

大学でピアノを教えている学生たちからは「先生は、なんでエジプトなの？」と無邪気に聞かれ、ゼミ担当のエジプトを勉強している学生たちからは「先生ってピアノも教えられるの？」と言われる。「先生はハイブリットで頑張るよ」と笑いながら答えているが、なかなか両方を結びつけることは、難しいのが現状である。学生たちにとっては「社会科」の教員が「音楽科」も教えているような（その逆も然り）、印象を受けるのだろう。

従来の科目制度にとらわれない教育、教科や科目の枠組みを超えた教育とい

うのが近年提唱されてはいるが、まだまだ実践と理解には程遠い印象を受ける。

　しかし本著を知っていただくことで、「古代エジプト音楽」が確かに存在したということ、両方を学ぶ人が存在するということ、何らかの「新しい存在」と読者の皆さまが出会うきっかけとなれば、非常に嬉しく思う。

目　次

序論

　古代エジプトの音楽とは、どのようなものであったのか。現在、西洋音楽史において、古代エジプト音楽の存在は明記されているものの、メソポタミア文明など他の古代文明の音楽と一括りにされ、「古代の音楽」として紹介されるにとどまる。一般的に西洋音楽史の原点は古代ギリシアと考えられ、古代エジプトと捉えられることはない。しかし古王国時代の音楽図像には、現在の西洋音楽で使用される楽器の原型であるハープやフルート等の木管楽器が描かれる。また、そこには中世の記譜法であるネウマ[1]の原型とおぼしき「カイロノミスト」と呼ばれる人物も認められる。これらの事実にもかかわらず、古代エジプトの音楽に関してはほとんど紹介されることがない。

　西洋音楽史の代表的な概説書における「古代エジプト音楽」に関する記述の一例を以下に挙げる。

　「神王国家エジプトについては、前2780-前1580年頃の古中王国時代以
　　来、ファラオの墓所の壁画やレリーフに神官による神殿での奏楽の様
　　子が伝えられている。複管リード笛、横笛、ハープ、システラムなど
　　の楽器が歌とともに捧げられ、前1550-前1080年にかけての新王国時
　　代には、神殿の歌い手職が置かれていたことがわかっている。これら
　　の楽器は貴族達の宴会での歌や、舞踏の伴奏にも用いられた。たとえ
　　ば、新王国時代の盲目の竪琴弾きを描いたものがある。貴族の宴会に

招かれた女楽師や男性の盲目の竪琴弾きは「この世の生を楽しもう」
　　と歌ったが、エジプトでは戦士は蔑まれ死は厭われ、神王とそれに仕
　　える神官を頂点とするマアト（秩序・正義）と享楽主義・刹那主義に
　　満ちた生への執着に支配されていたのである。」

『音楽のヨーロッパ史』[2] p.16より

　本記述にはいくつかの誤りが見受けられ、まず「生への執着」との断定には
やや躊躇が伴う。ファラオの墓所において（おそらくここでは時代表記からピ
ラミッドと考えられる）、奏楽の様子を壁画に描く例は見当たらず、古王国時
代の末に造られたピラミッドの内部には『ピラミッド・テキスト』が彫られ、
若干の器楽表現[3]は見られるものの、それは神殿での奏楽を伝える表現ではな
い。古王国時代の音楽図像として挙げられるのは、ピラミッド横のネクロポリ
スにある貴族墓の壁に描かれた音楽演奏の描写である。その場面は、主に宴会
の様子であり、神殿ではなく演奏する人々も神官ではない。音楽図像で神殿に
おける奏楽の様子が描かれる場合もあるが、それは古代エジプトの音楽図像の
全体のうち、一部である。歌い手や、職業音楽家の誕生は古王国時代と考えら
れる[4]が、中王国時代以降の壁画にフルート奏者が描かれることは稀である。
また「盲目のハープ弾き」の描写は確かに存在するが、貴族の宴会との関連は
見出すことができない。壁画において、盲目のハープ弾きと共に描かれた歌詞
は、『死者の書』といった葬祭文書に関係するとの見方も存在する[5]。よって必
ずしもそこに描かれた歌詞は、実際に歌われたものとは断定できない。特に本
書の研究対象であるアマルナ時代では、実際に奏者が盲目であったわけではな
く、宗教的な意味合いが強い可能性が高い。
　また、前1500年頃の新王国時代から軍事色が強まった古代エジプトでは、軍
人出身の将軍がファラオの地位に就いた。にもかかわらず、「エジプトの戦士
は蔑まれ」という表現は果たして適切であろうか。さらに言えば、「享楽主義・
刹那主義に満ちた生への執着」という表現は、死後の世界、すなわち来世も現
世と同じように生活すると考えた古代エジプト人の宗教思想に合致しない。そ

もそも古代エジプトの王朝時代は約3000年に亘り、一言で古代エジプトと言っ
てもその歴史は長く、時代区分もさまざまである。

　この例からも分かるように、現在の西洋音楽史における古代エジプトの音楽
に対する見方には偏りとともに、多くの誤りが見られる。筆者は、このような
一般的な見解を改めるためにも、古代エジプト音楽研究の意義を日頃から感じ
ているところである。

　なお次章で詳しくこれまでの研究史を振り返り、検討するが、従来は遺物と
しての楽器や音楽に関する場面などが描かれた図像を対象に、音楽学者とエジ
プト学者が各々個別に古代エジプトの音楽研究を進めてきた。しかしながら、
音楽学とエジプト学双方の観点を活かした研究が行われることなく互いに一方
通行であったことが、さまざまな誤った見方を生み出してきた最たる要因では
ないかと筆者は推察している。

　そこでこうした従来の見方や研究姿勢を問い直す１つの試みとして、本書で
は古代エジプト文明第18王朝の王、ツタンカーメンの王墓から出土した楽器を、
音楽学とエジプト学双方の観点から取り扱うこととする。

　本楽器を研究対象とする理由としては、まず、同王墓は周知のようにほぼ未
盗掘の状態で発見されたことから、エジプト学的な資料価値が非常に高い。し
かしながら、同王墓に埋葬された副葬品にはツタンカーメンの所有物ではない
品が含まれる可能性が以前から指摘される[6]など、未だ解明されていない点も
数多く残されている。また音楽学的に見ても、演奏可能な楽器がほぼ未盗掘の
王墓から実際に出土しているため、出土状況やその使用法も含め、第18王朝の
アマルナ時代における音楽の有り様を考察する上で非常に都合がよいという、
研究上の利点が存在する。

　ついては次章において古代エジプトの音楽に関する研究史を整理し、これま
での問題点を明らかにした上で、「ツタンカーメン王墓出土の楽器」を研究対
象とする理由を確認し、各楽器の分析並びに議論へと稿を進めることとする。

註

1 中世の時代の記譜法の一種。「ネウマ」と呼ばれる記号で音の高さを表す。4線の上に描かれるが、初期のネウマ譜では線が見られないことも多い。

2 上尾 2000.

3 「ペーの精霊たち、汝のため（棒を）打ち合わせ、体をうち叩く。かれら、汝のため手をうちならし、側髪を引張る。」[杉 他 1978：594]

4 Manniche 1991a：120-123.

5 Lichtheim 1945.

6 Carter and Mace 1923-1933（Vol. I）：98.

第1章
古代エジプト音楽研究の
現状と課題

第1節　先行研究

　古代エジプトの音楽について人々が最初に研究を行ったのは、古代ギリシア
に遡る。

　古代ギリシアにおいて、「音楽」は学問の1つであった。古代ギリシアの竪
琴は古代エジプトのリラと同種の楽器であり、既に音楽学が存在していた古代
ギリシアでは、古代の音楽についても言及がなされている[1]。そのような状況
を鑑みるに、古代ギリシアの学者たちは、実際の文献資料こそ発見されていな
いものの、古代エジプトの音楽について何らかの考察を行っていた可能性は十
分に考えられる。にもかかわらず、現代における古代エジプト音楽の研究は決
して活況を呈してきたわけではない。

　古代エジプトの音楽について広く知られるようになったきっかけは、1930年
代のコラムや読みものの類である。そこでは新王国時代（前1550-前1070年頃）
の貴族墓の壁画に描かれた音楽のシーンが取り上げられ、ハープ奏者やフルー
ト奏者、リュート奏者などの演奏者が多く紹介された[2]。男性の演奏家が神官
であることや、女性演奏家の衣服が他の人々と異なることなどが記されている。
「ブルースの墓」として知られるラムセス3世王墓において、「盲目のハープ弾
き」と呼ばれる盲目男性がハープを演奏する壁画についても多くのコラムが取

り上げた。またその際には、エジプト学者は音楽学者ではないために音楽学的な分析が行われていない点を指摘し、今後解明されることを切に願う、といった論調が頻出したことも注目に値する[3]。

　また事典の類にも、「古代エジプト音楽」を扱う項目は存在した。そこでは貴族墓の壁画資料を掲載し、どのような楽器があるかを紹介している[4]。しかし楽器がどのような音を奏でたか、またどのような場面で音楽が演奏されていたか、といった分析や説明などは掲載されていない。古代エジプトの歌唱法や記譜法についても、詳細は不明だが中世ヨーロッパの音楽に影響を与えたと考えられ、ある程度の推測は可能である、と言及するにとどまっている[5]。

　もっとも古代エジプトの音楽に関する研究対象は、出土した楽器だけでなく、墓や神殿等の壁画、ステラやオストラコンなど幅広い。古代エジプト史と一口に言っても実際には3000年近い時代幅があり、その中には初期王朝時代（前3100‐前2686年頃）、古王国時代（前2682‐前2184年頃）、中王国時代（前2025‐前1793年頃）、新王国時代（前1550‐前1070年頃）、末期王朝時代（前712‐前332年頃）といった、それぞれ複数の王朝からなるいくつかの歴史的な枠組みが現代の研究者によって想定され、間には政治的に不安定な状態にあった3つの中間期を挟む。そこで以下では古代エジプトの音楽研究がこれまでどのように展開してきたかを整理し、今後の研究の可能性について展望したい。

第1項　カイロノミーに関する研究

　古代エジプトの音楽について最初の本格的な研究を行ったのは、ドイツの音楽学者ヒックマンであった。

　古代のエジプトにおいて、西洋における楽譜や5線譜のような記譜法は存在が確認されていない。代わりに、「カイロノミスト」と呼ばれる人物の存在が非常に大きな役割を果たしたと考えられている[6]。カイロノミー（cheironomy）とは、ギリシア語「cheir」＝「手」に由来する音が基となる用語であり、ハンドサインによる指示のことをいう。またカイロノミストとは「手を使って合図をする人」を表し、演奏者に旋律曲線や装飾法を空中での手ぶりを用いて指

示する人物を指す。

　今日のエジプトでも、原始キリスト教の一派であるコプト教徒の合唱長は依然としてこのカイロノミーを用いており、その手の動きは、古代エジプトの壁画に描かれたものと酷似している。この点をもって、ヒックマンは現在までカイロノミーは途絶えることがなく、ギリシアやローマ時代を経て、今に至るコプト教徒の典礼歌にもカイロノミーは引き継がれているとの見方を示した[7]。

　また彼は、カイロノミストが描かれる古王国時代の墓のレリーフ21点を分析し、考察した。その結果、カイロノミストのサインはサインの種類[8]、腕の角度、ひじの高さの3点によって分類が可能であるとし、カイロノミストのサインには音程（音高）を示すものと拍を示すものの2種類が存在し、古王国時代の壁画にのみ描かれたと結論づけている。また音高を示すものとして「しぐさ」と対応する表を作成し[9]、その表に基づいて古王国時代の音楽図像8点の音を再現した[10]（図1）。

　しかし現在では、古王国時代の首都が置かれたメンフィスの墓地であるサッカラ遺跡だけでも、35点のカイロノミストが彫られたレリーフが確認されている[11]。また彼の説の中核をなす図1の対応表に関しては、ハープとフルートを復元し、実際に音を出して計測した結果から作成したとの記述があるものの[12]、詳細は明示されていない。

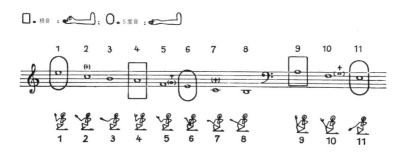

図1　ヒックマン作成 カイロノミストのサインと音階の対応表
[ヒックマン 1986：86]

また彼は、先述したコプト教の合唱長が使用するサインを参考に、現在のカイロノミーと図像のカイロノミストの比較も行った[13]。そこでは、現代アラビア音楽の歌手が片耳を片手で押さえながら歌う方法と、古代エジプトのカイロノミー兼歌手のしぐさが酷似していることを指摘したほか、ヒエログリフの具体的なサインと中世キリスト教会での歌唱法との繋がりについても考察している。古代エジプトの記譜法やカイロノミストからアラビア音楽までの一連の記譜法について考察、分析を行い、古代エジプトと現代エジプトの音楽に何らかの関わりを持つとした彼の論は、後の研究に大きな影響を与えた[14]。

　一方、古代エジプト音楽研究の大家ともいうべきヒックマンの業績に対し、エジプト学者のマニケは、カイロノミストが中王国時代以降に描かれない理由につき、おそらくその必要性が消失したためと推測した。またヒックマンのカイロノミー音階表を、彼の死後に発見されたカイロノミストの描かれた壁画に当てはめる試みも行ったが、ヒックマンの仮説以上の考察には至っていない[15]。なお、彼女は新王国時代の壁画にカイロノミストらしき人物が描かれている例を1点採り上げ、検討したが、古王国時代の壁画を模倣して描いたものとの結論に達している[16]。

　このように、ヒックマンに同調する考え方が長らく支配的だった中で、それに反論し、西洋音楽における教会音楽の演奏を引き合いに古代エジプトの音楽表記を論じたのは音楽学者のバラホナであった。彼は、カイロノミーは演奏上の指示であり、記譜のシステムではないと述べる[17]。そしてヒックマンが主張するような、古代エジプト音楽とコプト教会との音楽の繋がりをそもそも証明することは不可能である上、中世の西洋音楽におけるカイロノミーとの繋がりは失われているとし、古代エジプトの表記システム（記譜法）に関する情報はわずかであることから、現代との繋がりを見出すのは不可能との見方を示した[18]。

　ただし象形文字と音楽との関連については、ヒックマンと同じアプローチを試みている。彼は中世教会音楽の唱法「メリスマ」とヒエログリフの「n」（ガーディナー分類 13216）との関係性を検討し、トレモロの先駆けとした。また、

カイロノミーはそのしぐさが「すぐに行く」や「私と一緒に（行ってください）」という意味の象形文字に類似することを挙げ、見ている者に呼び掛ける意味を有していたのではないか、との仮説も示した[19]。

　近年では、シャクウィールが古代エジプトと現代エジプト音楽との繋がりを指摘している。彼は古王国時代のハープやフルートが現代のエジプト音楽に関係を有為していないかを論じた。また古王国のみならず、中王国や新王国、グレコ・ローマン時代の図像資料や遺物資料も検討している。その結果、現代のナーイと古代エジプトのフルートでは奏法に変わりがないことを指摘し、古代と現代のエジプトでは音楽に関係性が認められると主張している[20]。

　最後に、カイロノミストに新たな見解を加えた研究者として、スペインの音楽家アロヨを挙げておきたい。博士論文『ピラミッド時代の音楽』では、古王国時代のカイロノミストや楽器、ダンスについて論じている。そこではカイロノミーが古王国時代にのみ存在するとのヒックマンによる定義を踏襲し、手のサインには2種類があり、右手と左手でサインを構成していると考えた。

　彼によれば、1つの手の動きにはファースト、セカンド、サードの3種類があり、詠唱のレチタティーボ[21]の3つのレベルを表している、とする。また彼は、古代エジプトの音階がPentatonic scale（5音音階）で構成されると仮定し、2つの基本的なサインはこれに関係し、サインを形作る前腕の角度は、ヒックマンと同じく音階の主音の始まりの音に関係する、と分析した[22]。そしてカイロノミーが描かれた理由は、葬儀の場面に描かれたカイロノミストは、死者の魂（生き霊）にあたるカーを呼び出す役目を果たしており、カイロノミストが消失した理由は、ハンドサイン自体は古代エジプトを通して（特に葬儀の場面では必ず）存在したものの、音階が複雑化したことによって描かれなくなったと結論づけた[23]。さらには、ヘリオポリスの太陽信仰が力を失った結果として音階が失われ、そのため図像にカイロノミストを描くことは中断され、ヒエログリフで示すこととメロディーの動きを教えることのみにハンドサインは使用されるよう変化した、との見方を示している。加えて西洋音楽への影響や、カイロノミストが影響を与えた文化として、日本の五音博士についても紹介し

た[24]。

　ヒックマンとアロヨの視点には類似性がみられ、いずれも古王国時代の記譜法を取り上げ、カイロノミストのサインや人数から、古代エジプトの音楽はポリフォニー音楽であったとする[25]。アロヨは、西洋音楽における教会音楽では純旋律が使用されることから、古代エジプト音楽も同様にポリフォニー音楽であったと結論づけている。

第2項　楽器に関する研究

　楽器の目録では、ザクスが音楽辞典の中で古代エジプトの楽器を記述したのが最初期である[26]。そこではハープ奏者やフルート奏者などの演奏者を描いた貴族墓の壁画やレリーフを掲載し、楽器を紹介している。

　古代エジプトの楽器のみを専門的に扱ったのは、エジプト考古学博物館所蔵の楽器を目録にまとめたヒックマンである[27]。その後、彼はエジプト考古学博物館以外の古代エジプトの音楽図像や楽器（遺物資料）を何点か取り上げて解説した書籍を著し、日本語の翻訳本も出版されている[28]。

　その後、ヒックマンの執筆時から劇的に出土楽器の数が増加し、マニケが古代エジプトの楽器カタログを出版した。そこではより多くの楽器が網羅され、楽器に対応するヒエログリフや図像資料、遺物番号も記載されている[29]。加えて大英博物館やルーブル美術館、マドリッド国立考古学博物館といったエジプト国外で主要な古代エジプト遺物を所蔵する博物館や美術館が、楽器のみを掲載した目録を発刊している[30]。

　それらの目録を参考に個々の楽器について述べると、ハープやフルート、リラ、システラム、リュート、トランペットなどが主で、とりわけハープについては出土した遺物だけでなく、ラムセス3世王墓に描かれた、「盲目のハープ弾き」と呼ばれる盲目の男性がハープを弾く壁画を対象とした研究が目を惹く。代表的なものとしては、ミリアムによるハープ奏者とヒエログリフが記された壁画の論文が挙げられる[31]。そこでは先行研究を振り返った上で歌の目的や演奏の機会、対象が生者もしくは死者かといった点を考察している。従来、ハー

プ奏者の歌詞は快楽主義的な人生の楽しさや死への称賛を示すものと考えられていたが、彼女は古都テーベにおける貴族墓のハープが描かれた場面の分析を行い、それらを死後の宴会や法事の宴会、現世の宴会の3つに分類した。そして第19王朝並びに第20王朝の貴族墓に描かれたハープの場面は、『死者の書』といった葬祭文書に関係するのではないかとの仮説を唱えた。一方、マニケはオランダ国立ライデン古代博物館所蔵のリラについて分析、解釈を行った[32]。リラは前18世紀頃エジプトに輸入されたとされるが、新王国時代第18王朝のアメンヘテプ3世からアマルナ時代に至るまで、サイズや装飾、演奏方法が変化している。そのうち、1点のリラ[33]には共鳴胴の部分に象形文字が記されていた。このリラは新王国時代の作であるものの、象形文字は前200年-前300年に記されたものだった。またテーベの貴族墓において、リラの演奏場面は18箇所確認されるが、その数の多さから、マニケはハープ奏者の歌と何らかの関係があったのではないかと指摘した。

　リュートについては、リカルドが新たな観点から考察を進めた。貴族墓から出土したリュートを比較分析し、共鳴胴と竿の部分の比率がみな類似していることを指摘し、リュートの制作法が口伝だった可能性を挙げた[34]。

　なお楽器の研究としては、実物を復元し、分析・考察を行う手法もある。しかし上述した出土楽器は弦楽器であり、楽器に張られていた「弦」は残存していない。その点、金属製の管楽器であれば、葦などのリードが付随する管楽器は別として、復元し当時の音色を想定することが可能である。このような観点から行われた楽器研究として、トランペットの研究についてもふれておきたい。

　前述した目録の中から、ヒックマンはルーブル美術館の1本[35]と、ツタンカーメン王墓から出土した2本のトランペット[36]、計3本の分析並びに考察を行った。王墓から発掘された2本のトランペットは、銀製トランペットと銅製トランペットである。当時最新であったオシロスコープによる実験も行い、どのような音が出るか調査をしたが、ルーブル美術館の資料は後に香油台であることが判明し、トランペットではないと結論づけた[37]。また、1941年に行われたヒックマンによる実験検証では、マウスピースを使用せずにレプリカを用いたが、

それは1939年にイギリスのジェームズが行った演奏で銀製トランペットに傷がついてしまったためであった。その際にヒックマンは、銀製トランペットはドよりやや低い音、銅製トランペットはドからドのシャープの中間地点の音が出たと記録している[38]。

この結果を踏まえ、マニケはツタンカーメン王墓から発掘された楽器の調査書を作成し、2本のトランペットは同時に演奏された対の楽器であること、また描かれている図像から軍隊で使用されたのではないかとの説を提示した[39]。

なお、古代エジプトのトランペットはもう1例がスーダンのムッサワラート・エル＝スフラ神殿から出土している[40]。このトランペットは、出土した遺構の年代から、ナイル川上流のクシュ王国においてナパタからメロエ時代に使用されたと考えられる。発見は1960年で、前述した2本のトランペットとは異なり、材質は鉄で酸化が激しく状態は不良である。また、カワの神殿にあるレリーフ（前700年頃）には、祭りのシーンを描いた例があり、トランペットと思われる管楽器を演奏している。その脇にはカイロノミストと思われる人物も描かれており興味深い[41]。

最後に、これら楽器の復元からはどのような音が奏でられ、音階を形成したかについての研究がなされているので見ておきたい。

主な論文としては、「古代エジプト音階の発見」と銘打ったマームードらの共同研究が挙げられる[42]。彼らは、古代エジプトと他文明の音楽に関係性はないとした上でエジプト考古学博物館の管楽器を調査し、実際に復元した楽器でレコーディングを行った。所蔵される24の管楽器から4点を選択して科学分析を行い、西洋音楽の音階と比較している。そして Pentatonic scale（5音音階）を古王国時代に使用し、Sevennote scale（7音音階）を新王国時代には用いたと結論づけた。

また、アレクサンドラは音楽に外国の要素が存在するかどうかについては、記録が不明である以上、証明は非常に困難であると述べたが、可能性としてヌビアやリビアとの関係を示唆した[43]。

第3項　文字資料に関する研究

　ヒックマンはヒエログリフの手の記号が「歌う」という意味で使用されていることにふれたが[44]、壁画に添えられた文字資料や、楽師の称号を分析・分類した研究も多い。

　また先項でふれたアレクサンドラは、楽師の社会的地位に関して研究している[45]。彼女は古代エジプトの壁画や彫像、ステラやパピルスなどさまざまな遺物に見られる「楽師」の称号や文字資料を調査し、古代のエジプトではプロフェッショナル、いわゆる職業音楽家とアマチュアの音楽家の双方が存在したと結論づけた。王宮に仕えたフルート奏者や歌手、ハープ奏者が存在する一方で、貴族に仕えた歌手やハープ奏者もおり、また酒場や売春宿の居住者も音楽を奏でたとみている。加えて、裸体で描かれることの多いリュート奏者に関しては、自身も舞踊に参加していたとの見方を示した。さらに、古代エジプトの楽師は王や重要な神殿に従属するか否かにかかわらず、個人的な地位は従属する主人の富に依存していたと結論づけた。

　スールージアンは、ダハシュール遺跡より出土した、古王国時代第4王朝のスネフェル王治世（前2613-前2589年）のフルート奏者イピの彫像に関する報告を行っている。この彫像（高さ149.5 cm、幅49 cm）はフルートらしき棒状のものを右手に持ち、イピという名が彫られている。その棒状製品にはリードがなく、穴も穿たれていない。彼女はミュンヘンのエジプト博物館に「王のフルート奏者」の称号を持つイピという第6王朝のフルート奏者の彫像が存在することから、イピという名を世襲した楽師の一団がおり、王宮に仕える一族だったと論じた[46]。

　音楽学的に見れば、弦楽器及び管楽器も、当時の楽器では音程を得るのは難しく、ある程度の鍛錬は必要であったとみる。その点につき、職業音楽家は一定数は世襲制であったと捉えられるだろう。楽器で旋律を演奏するためには、正しい音程を得なければならず、そのためには音感を得るために耳を養わねばならない。ある程度幼少時から音を耳にしていなければ、その点は非常に厳し

い。アンサンブル演奏の場合、さらに高度な技能が求められるため、王宮や神殿に仕える楽団は世襲制であったと考えるのが妥当である。しかしながら、中王国時代より外国からの楽器流入が増加している点、またハープなどは時代とともに形態が変化している点から、楽師すべてが職業音楽家であり、世襲されてきたとは一概に断定できない。

　なお、近年では「音楽」に関する象形文字資料の考察をエメリが行っている。彼女は歌手長や宮廷楽師の家系などを対象とした称号を研究し、古代エジプトにおける「楽師の地位」について論じた[47]。対象とする時代は幅広く、古王国時代、第3中間期、末期王朝にまで及んでいる。また「音楽」という語彙を含む文字資料にも着目し、「音楽」の意味自体がこれまで正確に定義されてこなかったことを指摘した。「音楽」という文字について考察することで古代エジプト人がどのように音楽を感じ、捉えていたのかを知り、そこから古代エジプトにおける音楽の概念を明らかにすることができるとの仮説を立て、ステラやパピルス、彫像などのさまざまな遺物から楽器名や音楽（楽器）を演奏する際の動詞、あるいは楽師が所持する他の称号についても、古王国時代からグレコ・ローマン時代にかけて幅広く調査した。その結果、エメリはまず「歌を歌う」「音楽を演奏する」といった動詞の意味は曖昧に使用されていたことを指摘し、ハープは形状によって使用される象形文字が異なること、またヒックマンは「ヘジイHsi（ガーディナー分類 130A3）」を「音楽をつける」と訳していたが、これは「歌う」であるとの見解を示した[48]。ハープについては別稿でも考察を行っている[49]。

第4項　アマルナ時代の音楽に関する研究

　新王国時代第18王朝のアマルナ時代（前1347-前1333年頃）における音楽について、マニケは、テル・エル＝アマルナの王宮における音楽のアンサンブルは、他の新王国時代とはまったく異なると述べた[50]。アンサンブルの構成は、古王国時代の私人墓に見られるアンサンブルに酷似し、頭を剃り、プリーツのついた衣装をまとった年配男性が歌い手で、手を叩いたり、ハープを演奏した

りする。女性のアンサンブル・グループは透けた衣装を身に着け、香を頭にのせながら大きいボート型ハープを演奏するとともに、さらに長い竿部分を持つリュートや二重管の笛を用いた。一方、男性のアンサンブル・グループはリュートもしくはハープのみを演奏した。マニケはこうした性差の観点からアマルナ時代の音楽を分析するとともに、当時は弦楽器が強調されたと主張した。

　なおこのアマルナ時代には、後宮に外国出身の王女が多く在籍していたことが知られている。その影響から、ラーラと呼ばれるスカートや特徴的な帽子を身に着けた外国人の男性楽師がリラやリュートを演奏する様子が描かれた（図2）。また、それまでは存在しなかった大型のリラを両側から2人で演奏している描写も知られている。この大型のリラには5本から15本の弦が張られ、大きな共鳴箱を持っている。

　神殿で奏でられた音楽には、教会における聖歌隊のような役割を持つ奏者たちも参加したと指摘した。例として、盲目の男性たちがリュート奏者を伴う場面が見られるが、これは他の新王国時代に見られる盲目のハープ弾きとは別の

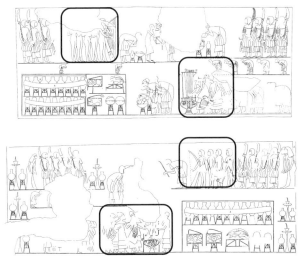

図2　アマルナ時代の壁画に描かれた音楽家たち （四角で記した箇所）
[Davies 1905 : Plate V ; Plate VII]

存在とする。そこでは、男性たちと神との対話があったと捉え、背景には、盲目で描かれるのは男性のみであり、女性については食物供給の場面と音楽の場面が同時に描かれるという構成上の違いが見られるとした。加えて彼女は、カルナック神殿に用いられた、本来アマルナ時代の神殿を構成する部材である「タラタート」に描かれたアマルナの音楽場面についても考察した[51]。そこには目隠しを施された音楽家が描かれ、アマルナ時代にしか見られない現象として知られているが、一連の分析から、神殿音楽の場面で描かれる音楽家には、白い帯の目隠しをしたエジプト人男性と外国人男性がおり、演奏をしない際には目隠しをしておらず、エジプト人女性も目隠しをしていないことを指摘した。

そしてその意味について、神殿と王宮では楽師に区別があり、前者の楽師は目隠しをされて、何かを見ることが許されなかったのではないかと考察した。また楽師は歌を歌い、クラッパー等の楽器を所持していることから、彼らは音で神と交信していたのではないかとの仮説を示した。ただし、その際に目に危害を与えられたのかどうかについては分からないとも付け加えている。

第5項　現代のエジプトにおける音楽研究

カイロのヘルワン大学音楽教育学部では、「古代エジプト音楽復興プロジェクト」が1991年に立ち上げられた[52]。このプロジェクトは継続的なものではなく、単体の企画として実施されたものである。目標は大きく分けて3つで、1つ目は古代エジプトの楽器を復元すること、2つ目は宗教舞踊や葬儀舞踊の形式と特徴を反映したダンス構成を考えて観光に役立てること[53]、3つ目は、エジプト国内に点在して所蔵される古代エジプトの楽器の博物館を設立すること、である。これらには、エジプト観光のために役立てたい、といった意味合いが強く込められていた。こうしたプロジェクトが企画された背景には、他国において古代エジプト音楽と関連づけたCDが許可なく販売されていることや、音楽図像の修復や保護などが進んでいないことにエジプト人が危機感を抱いていること、などの問題が存在する。なおプロジェクトでは、現代のエジプト音楽で使用されるナーイが奏でる音階をもとに、古代エジプトのリュートの復元を

行った[54]。

　さらには、古代エジプト音楽に関するカリキュラムとして、修了時に学士号もしくは修士号を与える課程も一時的に設けられた。このカリキュラムは、2005年に始まり2007年7月に終了したが、30カ月のカリキュラムに18名が参加した。その際には、第18王朝の角形ハープや第25王朝のリュート、コプト時代のリュートが復元されている[55]。そこでは音のサンプルや音色のデータ・サンプルなどの想定音が実験的に再現され、音楽考古学会（Studien zur Musikarchäologie）でも報告された[56]。

第2節　問題の設定

　エレン・ヒックマン[57]を発起人とした音楽考古学会 "Studien zur Musikarchäologie"（1998年）の設立以降、ヨーロッパにおける音楽考古学の研究は進展が著しい。学会誌には古代中国の楽器やギリシア、エトルリアの楽器、ヒッタイトの歌など他地域の古代音楽について多くの論文が掲載され、多数の研究者が楽器の復元を行い、音の再構成や周波数、形状の分析を行っている。ただしその考察にあたっては、民族音楽学との結びつきや、当然のことながら研究対象の考古学的背景への十分な理解が求められる。単に、楽器の音を再現し、西洋の音楽の音階に当てはめるだけでは研究として不十分であり、この点は古代エジプトの音楽研究においても同様である。

　前節で見てきたように、ヒックマンをはじめ多くの音楽学者は「古代エジプトの音楽を西洋音楽の視点で捉え、研究を進めてきた」。その背景には、「古代エジプトの音楽に西洋音楽の原点があるのではないか」とする音楽考古学者の存在を挙げることができよう。

　一般的に、西洋音楽の原点は古代ギリシアにあるとされてきたが、古代ギリシアと古代エジプトとの関係は言うまでもなく、歴史的に見ても非常に密接な関係にある。よって、古代ギリシアの音楽が古代エジプトのそれから何らかの影響を受けているのではないかと仮説を立てることは容易だが、肝心の分析や

考証において西洋音楽の視点から研究を進めるのには大きな違和感を覚えざるを得ない。

　例えば、冒頭で紹介したカイロノミー研究の大半はヒックマンの考えに基づいており、そこでは西洋音楽との関連性が強調されている。その研究結果に決して肯定的ではないバラホナでさえ、古代エジプト音楽と西洋音楽における唱法との関連性について仮説を提唱している点は研究の現状を示しており興味深い[58]。

　しかし、現代の西洋音楽の音程を古代エジプトの音階に当てはめることが難しい点はここで今一度強調し、確認しておく必要があるだろう。これは、何より音階が古代エジプトに存在していたかどうかを立証することが極めて難しいからに他ならない。

　また先に指摘したように、カイロノミストが記譜法の一部として描かれていたことについてはこれまでの研究からもその可能性が高いと考えるが、その手のサイン一つ一つが具体的にどの音に当たるのかを現代の音階に当てはめるのは非常に困難であり、そもそも矛盾に満ちていると記さざるを得ない。

　なお、音楽が葬儀や儀式だけではなくさまざまな場面において奏でられたことについては、おそらく間違いないであろう。筆者が現地で行った実見調査でも、神殿の儀式や軍隊、王宮、葬儀、祭、収穫、酒場や宴会などの場面などで音楽が奏でられたであろうことを壁画等の資料から確認している。なお、日常生活における音楽についてはまだ指摘されていない面も多い。この点については、西洋音楽において「世俗音楽」や「宗教音楽」といった区分が存在し、古代エジプトの音楽研究にもそれが広く使用されているところに１つの問題があるのかもしれない[59]。これまでの研究は、神殿や王宮で演奏される音楽を「宗教音楽」、それ以外の場面の音楽を「世俗音楽」としているが、「宗教」そのものが日々の生活と密接に結びついていた古代エジプト社会において、これらの区分を安易に用いることは、音楽研究の本質そのものを見失いかねないと言える。

　以上見てきたように、従来の研究は古王国時代や中王国時代、新王国時代に

グレコ・ローマン時代といった時代の墓や神殿において発見された壁画やレリーフ、そして出土した楽器などの遺物の分析や解釈に著しく偏重してきた。

　その際に、エジプト学者は墓の壁画などに描かれた音楽に関する描写や、称号などの分析を行う傾向は強いものの、逆に西洋音楽との関わりについてはほとんど視野に入っていないことは、これまでの研究が見落としてきた大きな欠落点と言えよう。

　また第4項で述べた新王国時代の都アマルナにおける音楽の研究は、他の時代に比べると圧倒的に数が少ない。それは宗教改革の失敗が引き起こした破壊行為による一次資料の少なさに起因するものと考えられる[60]。しかし王宮の様子や、他の時代には見られない日常生活の様子が垣間見える壁画の存在など、研究対象としては非常に興味深い時代でもある。

　その点については、第3項で取り扱った文字資料に関する研究で示したように、エメリは古代エジプト人にとっての「音楽」の概念を考察する非常に興味深い研究を行ったものの、アマルナ時代に関する文字資料を用いた音楽研究は未だ行われていない。これは、同時代における図像資料の不足から、音楽に関する文字資料が皆無に等しいためと考えられる。そのためアマルナの音楽については、文字資料以外にも図像や遺物も用いてそのあり方を捉える必要があろう。その意味において、同時代王であったツタンカーメン王の墓から出土した楽器は、墓がほぼ未盗掘であったことからも得られる情報は非常に多いと考えられる。

　1つの仮説として、アマルナ時代において宗教が大きな変化を遂げたことは明確であるが、その際に「音楽」も変化したのであれば、宗教と音楽には密接な関わりが存在したことが改めて証明されるであろう。

　これまで、何らかの変化はあっただろうと漠然とした形で捉えられてきた同時代の音楽ではあるが、その点においての詳細な研究は今日に至るまでなされていないのが現状である。

　このアマルナ時代について、先行研究では上述したようにマニケが壁画の分析からハープやリラ、すなわち弦楽器がアマルナ時代に多く見られることを指

摘したが[61]、驚くことにツタンカーメン王墓から弦楽器は出土していない。しかし同王墓に関しては、当時としては詳細な発掘記録が取られ、現在でもアクセスが可能な形で残されており、そこにはトランペットなどの楽器が副葬されていたことが知られている。よって、他に出土した多くの副葬品はもとより、当時の文化や宗教、あるいは社会的な関係を考察することで、同時代の音楽について新たな知見を獲得できる可能性があろう。

　また、古代エジプトの記譜法において重要な役割を果たしたと推定されてきたカイロノミストの存在についても、ツタンカーメン王の父アクエンアテンの下で、多神教から太陽神アテン一神教への宗教改革が行われたとされるアマルナ時代にどのような変化が生じたのかは非常に興味深く、その点も考慮に入れて研究を進める必要がある。

　したがって、これら古代エジプト音楽に関する研究史、並びにそこから浮かび上がってくる研究の現状や問題点を鑑みるに、宗教と密接な関係にあった音楽が当時どのように変化したのか、あるいは変化がなかったのかを、アマルナという、宗教や政治等の一大変革期について検討することには大いに意味があるものと考える。またその際に、ほぼ未盗掘の状態で発見された結果、関連する多くの資料が残存し、加えて詳細な発掘時の記録が残されているツタンカーメン王墓出土の楽器資料を分析、議論することは音楽学的に見ても非常に意義深く、ここにエジプト学と音楽学双方の観点を活かした、新たな研究の可能性、並びに問題の設定を行うことが可能である。

第3節　研究の方法

　よって本書では、古代エジプト史におけるアマルナ時代の音楽について検討を加えるため、同時代のツタンカーメン[62]王墓より出土した楽器の考察を行う。エジプト新王国時代第18王朝（前1550-前1293年頃）末の同王墓（KV62）からは、3種類の楽器（クラッパー[63]、トランペット[64]、システム[65]）がそれぞれ2点ずつ出土している。既に繰り返し述べたように、ツタンカーメン王墓は、

現在までに発見された王墓の中でほぼ未盗掘の王墓である[66]。同王墓は、1922年にイギリス人の考古学者ハワード・カーターが発見し[67]、5000点以上の副葬品が出土して世界的に注目された。同王の治世年数は9年ほどと推測され[68]、必ずしも長くはないが、発掘からほぼ100年となる今なおエジプト考古学上最大の発見とされ、さまざまな議論が続いている。

これまでの音楽研究では、壁画や墓に副葬された断片的な遺物資料を用いて葬送や埋葬儀式に使用された楽器を推測してきた。しかしツタンカーメン王墓は、ほぼ未盗掘であったために多くの副葬品の出土状況をつぶさに観察することが可能である。そこで同王墓出土の楽器につき、他の副葬品との関係にも留意しながら分析を行うことによって、当時の葬送や埋葬儀式と楽器の関係、さらには王族が使用した楽器について詳細を知ることが期待できる。

なお、これら3種類の楽器についてはカーター及びマニケがそれぞれ報告書を著している[69]。また、エジプト音楽研究の大家であるヒックマンもカタログ編集に参加し、トランペットについての論考を発表した。しかしながら、以後の各章で詳述するように楽器の演奏法や記された人物名の意味についてふれてはいるが、発表したそれぞれの楽器の用途などについては未だ解明されていない部分が多い。加えて、これまでこの3種類の楽器を包括的に考察した研究は存在せず、他に多く発見されているさまざまな副葬品との関係についてもこれまでに論じられたことはない。

そこで本書では、これら3種類の楽器について詳細な分析を加えながら、包括的にこれらの楽器を調査することで、それぞれの楽器が有していた意味や役割はもちろんのこと、同王墓における副葬品の状況や当時の埋葬に関しても新たな知見が得られる可能性が存在する。またこの少年王に関しては、周辺人物の関係についても多くの議論がなされており、未解明の点が多い。そこで、これまで詳細に検証されてこなかった「楽器」という新たな観点から同王墓の詳細を検証することにより、従来知られていなかった史実やさらなる研究へ繋がる観点を見出すことも期待できる。

繰り返しになるが、これまでの古代エジプトの音楽研究は、遺物として出土

した楽器や音楽図像を対象に、エジプト学者と音楽学者によって各々個別に行われる状態にあった。しかしエジプト学と音楽学、双方の観点からの研究が行われず、互いに一方通行であったことが、本章で振り返ったさまざまな研究上の混乱や、多くの誤った見方を生み出した要因の１つとなったのは明らかである。よってこうした古代エジプト音楽研究における最大の問題点を踏まえ、筆者は本書において双方の観点からこの研究を進めることとしたい。

　その上で、ツタンカーメン王墓に関して新たな見解を付け加えるのはもちろんのこと、アマルナ時代における音楽の様相を探るとともに、古代エジプト社会における音楽のありかたを示すことができればと考える。そしてひいては、これまでに多くの見解が示されたものの、未だ正しい理解がなされていないと考えられる西洋音楽史において古代エジプトの音楽を位置づけることについても、新たな見解を付け加えるとともに、その正しい理解を目指すものである。

註

1 ＜音楽＞を表す英語 music などの語はギリシア語のムシケmousikē（音楽のみならず詩や舞踊など文芸一般を含む）に由来する。対位法や和声法は存在せず、ポリフォニーも発展しなかったが、リズムや音程の感覚にすぐれ、音響学（ピタゴラスの音楽理論）や音楽美学（アリストテレスやプラトンのエトス論）など、音楽に関するすぐれた研究がある [Hagel 2009]。

2 Vallon 1949.

3 Vallon 1949 : 12.

4 Wilkinson 1890.

5 Farmer 1957 ; Wilkinson 1890.

6 野中 2013.

7 見解が分かれる。ヒックマンは、コプト教会の司祭によるカイロノミーと古代エジプトのカイロノミーとの共通点を述べた [Hickmann 1949 : 417-421]。マニケはヒックマンの論に肯定的な意見を述べ [Manniche 1991a : 24-39]、バラホナはカイロノミーと現代のカイロノミーとの関係性に否定的な見方を示している [Barahona 1997 : 231-232]。

8 ヒックマンは、カイロノミーの「手」のサインにつき、親指と人差し指を合わせたものと指をすべて伸ばしたものの２種類があることを指摘した [Hickmann 1958 :

124]。

9 Hickmann 1958.

10 Hickmann 1956.

11 野中 2013.
　　近年、新たに墓が見つかり、増える可能性がある。

12 Hickmann 1958 : 125-126.

13 Hickmann 1949b.

14 Hickmann 1954.

15 Manniche 1991a；マニケ 1996.

16 Manniche 1991a : 36-39.

17 Barahona 1997.

18 Barahona 1997 : 231-232.

19 Barahona 1997 : 237-239.

20 Shakweer 2010.

21 Recitativo（レチタティーボ）とは、歌唱方法の一種である。オペラで、歌い手が
　　叙述や会話の部分において朗読調に歌うことを指す。

22 Arroyo 2003 : 122-126.

23 Arroyo 2003 : 130.

24 Arroyo 2003.

25 Hickmann 1958.

26 Sachs 1921 : 1940.

27 Hickmann 1949.

28 ヒックマン 1986.

29 Manniche 1975.

30 Anderson 1976 ; Ziegler 1979 ; Barahona 2002 ; Emerit et al 2017.

31 Lichtheim 1945.

32 Manniche and Osing 2006.

33 ライデン博物館所蔵 AH. 218

34 Eichmann 2004.

35 ルーブル美術館所蔵 N 909 + AF 861

36 エジプト考古学博物館所蔵 CG 69850, 69851

37 筆者が、ルーブル美術館の古代エジプト部門学芸員 Catherine Bridonneau 氏に確

認したところ「実験した結果、音が出ず香油台だということが判明した」との返答を得た（2018. 1. 15）。

[38] Hickmann 1946.

[39] Manniche 1976.

[40] Biling 1991.

[41] Biling 1991 : 76.

[42] Effat et al 1996.

[43] von Lieven 2008.

[44] Hickmann 1954.

[45] von Lieven 2006.

[46] Sourouzian 1999.

[47] Emerit 2013.

[48] Emerit 2008.

[49] Emerit 2016 ; 2017.

[50] Manniche 1991b.

[51] Manniche 1971.

[52] El-Malt 2004.

[53] 2007年に、エル・モルトは「ファラオの孫」の名を持つ音楽楽団を立ち上げた。

[54] El-Malt 2004.

[55] El-Malt 2010.

2018年に、エル・モルトはヘルワン大学に、古代エジプト音楽に関する修士課程のカリキュラムを創設する予定だと語ったが、その後の状況は不明である。
https://www.egypttoday.com/Article/ 4 /61962/Reviving-Ancient-Egyptian-music-A-journey より2020. 9. 5 アクセス確認済み。

[56] Mohamed 2010.

[57] Hans Hickmannの妻である。

[58] Barahona 1997.

[59] マニケ 1996.

[60] アマルナ時代にアクエンアテンが行った宗教改革は後に迫害の対象となり、アマルナ時代の痕跡を残す壁画や石碑などは迫害の対象となった。そのため遺物資料が少ない。

[61] Manniche 1991b.

62 Tutankhamenツタンカーメン、と一般的に呼称されているが、古代エジプト語の表記からは「トゥトアンクアムン」Tutankhamunあるいは「トゥトアンクアメン」と呼ぶのが妥当である。ツタンカーメン王の父はアクエンアテン王であり、それまでの古代エジプトの多神教を改めアテン一神教への改革を推し進めた。この時代を、アマルナ時代（前1347-前1333年頃）と呼ぶ。次章で詳しく述べる。

63 カーター番号 Obj. no. 620 [エジプト考古学博物館所蔵 CG 62064]

64 カーター番号 Obj. no. 50gg, 175 [エジプト考古学博物館所蔵 CG 69850, 69851]

65 カーター番号 Obj. no. 75, 76 [エジプト考古学博物館所蔵 CG 62009, 62010]

66 少なくとも2回、古代の墓泥棒が墓に侵入した形跡が確認されている [リーヴス 1993 : 159-165]。

67 Carter and Mace 1923-1933.

68 ツタンカーメン王墓の副葬品のワイン壺のラベルに書かれた治世から推測される。次章で詳しく述べる。

69 Carter and Mace 1923-1933 ; Manniche 1976.

第2章
ツタンカーメン王の時代と王墓

　ツタンカーメン王墓の楽器に関する研究を進める前に、古代エジプト史について その流れを確認するとともに、同王が在位した第18王朝という時代に関し、研究の現状と問題点を詳しく見ておきたい。

　古代のエジプトでは、前5000年頃に始まる先王朝時代の中でいくつかの有力な町が形成され、やがてナイル川上流の上エジプト地域においてアビドスやヒエラコンポリス、ナカーダといった町からなる原王国が誕生し、下エジプトへと進出することで統一国家が前3000年頃に誕生したとされる。その後、アレクサンドロス大王がエジプトを支配するまで、出身地や家系、軍人などの職業によって規定される数々の王朝が展開した。またその間には、国内情勢が不安定な３つの中間期が存在したことが確認されている。

　王朝時代は、30の王朝から成り[1]、一般的に初期王朝時代（第1-2王朝：前3100-前2686年頃）、古王国時代（第3-6王朝：前2686-前2184年頃）、中王国時代（第11-12王朝：前2025-前1793年頃）、新王国時代（第18-20王朝：前1550-前1070年頃）、末期王朝時代（第26-30王朝：前664-前332年頃）と区分される。また、それぞれの時代の間に中間期を挟む（表１、図１）。その後、グレコ・ローマン時代（前332-後395年）を経て古代エジプト文明は約3000年の歴史に幕を閉じた。以下、その歴史について代表的な事象を挙げて概観する。

　上エジプト出身のナルメルが、国土統一を行い始まった初期王朝時代では、ヒエログリフや暦、上下エジプト王の称号など、王国の基礎がこの時代に作ら

表1　古代エジプト史　年表

年代	時代区分	王朝	首都	著名な王	歴史的事項
	先史時代				
前5000	先王朝時代				
前3100	初期王朝時代	1・2	メンフィス	ナルメル	上下エジプトが統一される。
前2686	古王国時代	3		ジェセル	階段ピラミッドが造られる。
		4		クフ	
				カフラー	ギザに3人ピラミッドが造られる。
				メンカウラー	
		5			ピラミッドが次々に造られる。
		6		テティ	長期政権で、中央集権国家に陰りが
				ペピ2世	見え始める。
前2184	第1中間期	7・8・9			
		10	ヘラクレオポリス	メンチュヘテプ2世	
前2025	中王国時代	11	テーベ		全国が再び統一される。
		12	イティ・タァウィ		
前1793	第2中間期	13-17	テーベ・アヴァリス		ヒクソスにより支配される。
前1550	新王国時代	18	テーベ	ハトシェプスト トトメス3世	ヒクソスを追放する。 アジアに盛んに軍事遠征を行う。
			テル・エル=アマルナ	アクエンアテン	アマルナ革命が行われる。
			テーベ	ツタンカーメン	多神教が復活する。
		19	ペルラメセス	ラムセス2世	カデシュの戦いが起こる。
				ラムセス3世	海の民が到来するが、撃退する。
		20			
前1070	第3中間期	21-24	タニス		リビア系の王が即位する。
		25	テーベ		アッシリアがエジプトを支配する。
前664	末期王朝時代	26	サイス		アッシリアを追放し、サイス王朝が確立する。
		27	デルタ地方		アケメネス朝ペルシャがエジプトを支配する。
		28・29			ペルシャから独立する。
		30		アレクサンドロス大王	アレクサンドロス大王がエジプトを支配する。
前332	グレコ・ローマン時代	プトレマイオス朝	アレクサンドリア		ロゼッタ・ストーンが刻まれる。
前30				クレオパトラ7世	ローマの属州となる。

れた。続く古王国時代には国の行政機関や制度が確立され、王権の象徴並びに役割を示す建造物として階段ピラミッド及びギザの3大ピラミッドなどが造営された。

第1中間期では、ヘラクレオポリス侯（第10王朝）とテーベ侯（第11王朝）が共存するが、第10王朝が滅び、中王国時代が続いた。デル・エル=バハリに建設されたメンチュヘテプ2世（前2055-前2004年頃）葬祭殿に代表される、大規模な建設事業が復活し、洗練された壁画や彫像が作られるとともに、多くの文学作品も生み出された。

次の第2中間期では、エジプトは異民族ヒクソスによる侵攻を受けた。ヒクソスとの攻防後には再び上下エジプトが統一され、古代エジプト史上、最も繁栄した新王国時代が幕を開ける。この新王国時代第18王朝の末期にツタンカーメンが在位した。軍事色が強まり、カルナック等の国家的な大神殿への寄進を通じて王権や経済の強化を図った同時代には、シリアやヌビアなどの異国に幾度となく遠征を行った。中でもヒッタイトとのカデシュの戦いや、海の民との攻防など世界史に残る争いは特筆される。

そして新王国時代崩壊後の第3中間期には下エジプトのタニスに第21王朝が開き、上エジプトはアメン大司祭が治めた。またリビア系の王が即位しブバスティスに首都を置くが、テーベやタニスにも王朝が並立している。その後、ヌビア人のピアンキ等が第25王朝を治めたが、エジプトはアッシリアによる侵入も受けた。続く末期王朝時代ではサイスに王朝が移り、アッシリアを追放するが、続いてアケメネス朝ペルシャによる支配を受けるなど外国勢力の支配が続いた。ペルシャの支配から独立し第28王朝が開いてもペルシャとの攻防は続いたが、第30王朝に至り、ネクタネボなどエジプト人による最後の王朝が登場した。歴史家ヘロドトスがエジプトを訪れたのもこの末期王朝時代である。

その後、アレクサンドロス大王がエジプトを征服してグレコ・ローマン時代が始まった。大王の臣下であるプトレマイオスが開いたプトレマイオス王朝は、最後の女王クレオパトラ7世の死をもってローマの皇帝直轄領となり、エジプトは独立王国の幕を閉じた。

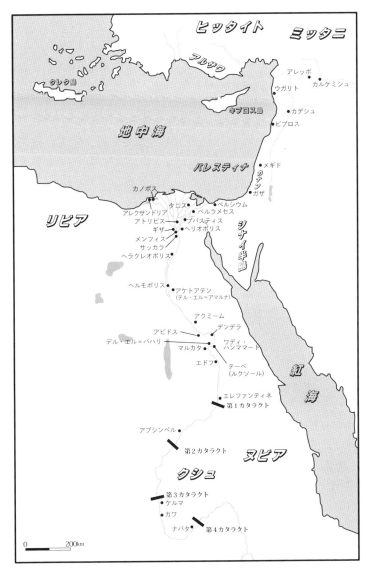

ヒッタイト

ミッタニ

アルサワ

アレッポ
ウガリト　　カルケミシュ

クレタ島

キプロス島

カデシュ

ビブロス

地中海

パレスティナ　メギド

カナン
ガザ

カノポス
タニス　ペルシウム
アレクサンドリア　ペルラメセス
アトリビス　ブバスティス
ギザ　ヘリオポリス
メンフィス
サッカラ
ヘラクレオポリス

リビア

シナイ半島

ヘルモポリス　アケトアテン
（テル・エル＝アマルナ）

アクミーム

アビドス　デンデラ
デル・エル＝バハリ　ワディ・
マルカタ　ハンママート
エドフ
テーベ
（ルクソール）

紅

海

エレファンティネ
第 1 カタラクト

アブシンベル

第 2 カタラクト　ヌビア

クシュ

第 3 カタラクト
ケルマ
カワ
ナパタ　第 4 カタラクト

0　　　200km

図 1　古代エジプト地図
[筆者作成]

第1節　時代背景

第1項　第18王朝という時代

（1）前期

　ツタンカーメン王は、エジプト新王国時代第18王朝（前1550-前1293年頃）末の王である。第18王朝は、出自の知られていないアハモセ将軍から始まる。アハモセ将軍はアハモセ1世（前1550-前1525年頃）として即位した。マネトは23年ほどエジプトを統治したと述べたが、ホルヌンクは、ミイラの推定年齢からアハモセ1世は25年間統治したと考えた[2]。一方、ボルヒャルトは、アハモセ1世はおそらくトゥーラの石碑の記述から21年間統治したと考えた[3]。最近の研究では、アハモセ1世の前にカモセなる人物が、即位していたことも知られている[4]。アハモセ1世は、ヒクソスと戦い、ヌビアとも戦った。クシュとの戦いにも同行したことが分かっており、エジプトの権力を回復させ、ヌビアとカナンの支配地域においてかつての権力を取り戻すことに成功した[5]。

　次に、息子のアメンヘテプ1世（前1525-前1504年頃）が王位を継ぐ。アハモセ1世に続き、アメンヘテプ1世もほぼ記録がない。ウィットマンによると、アハモセ1世の死後数年後に即位したとも考えられるが、アメンヘテプ1世自身は父の死後すぐに即位したことを強調している、と述べている[6]。アハモセ1世と同じように、ヌビア及びリビア遠征を行い、権力維持に努めた。アメンヘテプ1世は、上エジプトの神殿建設を押し進めたが、彼が建てた建造物のほとんどは、後に彼の後継者によって解体された。イネニ墓の自伝碑文によると、王はカルナック神殿の南側に、石灰岩で20キュービットの門を造らせた[7]。王名の「アメンは満足する」という名の通り、アメン神はこの頃より国家神として崇められたのであろう。

　次王のトトメス1世（前1504-前1492年頃）は、おそらく先王の息子ではなく、軍人出身と考えられる。ドンソンらは、トトメス1世は、アメンヘテプ1世の

姉か妹のアハモセと結婚し、アメンヘテプ 1 世に王子がいなかったため、後継者として王から指名された説を提唱している[8]。一方、ミルロップは、トトメス 1 世の父がアメンヘテプ 1 世の息子のアハモセであるといった説を唱えている[9]。しかし、立証しうる証拠は現在までない。

　アメンヘテプ 1 世に続き、トトメス 1 世もヌビアやシリアに軍事遠征を行った記録がある[10]。またカルナックのアメン神殿を、大々的に増改築している[11]。この事柄は、徐々にアメン神官団の勢力が増大していったことを窺わせる。マネトは、治世を12、3 年ほどとしていたが、ガボルデは、トトメス 1 世の治世は 8 年、続く 2 世は 3 年と推定している[12]。一方で、ホルヌンクは、トトメス 1 世のミイラの推定年齢から、治世は12年と 9 カ月と考えている[13]。

　続くトトメス 2 世（前1492-前1479年頃）の継承は複雑だった、と多くの学者は指摘している。トトメス 2 世は、トトメス 1 世と妃ムトネフェルトの息子であった。しかし、ムトネフェルトは下位の妃であると考えられた。権力維持のため、トトメス 2 世は、トトメス 1 世と正妃アハモセとの娘ハトシェプスト、つまり異母姉と結婚した、とミルロップは捉えている[14]。一方で、ドンソンらは、ムトネフェルトが「王の娘」の称号を所持していたことに加え、トトメス 2 世が王の正当な後継者とされていたことは明らかであり、ハトシェプストとの婚姻に権力維持といった意味合いはないと捉えている[15]。この点につき、深い意味合いはなく、古来より続く伝統的な兄妹婚を行った、と捉えることもできるだろう。

　ハトシェプストは、宮廷において非常に強い権力を保持していたと考えられる。ブライアンは、イネニ墓の自伝碑文の内容や、彼女が「アメンの神妻」の称号を所持していたことからもハトシェプストの権力は明らかであると述べている[16]。このことからも、当時既にアメン神官団が、政治にある程度介入していたことが見て取れる。アメン神官団の後ろ盾を持つことが、彼女の権力維持に繋がったとみる。また、トトメス 2 世はシリア遠征を行っていた[17]ことが分かっており、その間に政治を執り行っていたのはハトシェプストであったことは明白である。トトメス 2 世のミイラからは、病の跡が見受けられる[18]。遠征

に赴きエジプトに不在である王、さらに病に罹った王の代わりに実質的な政治を行っていたのは、ハトシェプストであったと捉えられる。

　そのような事柄も影響してか、トトメス２世とハトシェプストは、古来より伝統的に行われていた、王が後継者と最後の数年間統治を共にする共同統治を行ったと考えられる。トトメス２世はハトシェプストの間に、娘ネフェルラーを儲けた。加えて、トトメス２世は、側室と考えられるイシスとの間に、王位継承者である息子トトメス３世を儲けた[19]。ホルヌンクは、トトメス２世の治世は13年であるとしたが、ハトシェプストとの共同統治によって、この年代に異論を唱える学者もおり、おそらく２‐４年は治世に変動がでる可能性があることを示唆する、とも述べ慎重な姿勢をとっている[20]。ガボルデは、トトメス１世及び２世、ハトシェプストのスカラベの数を比較検討し、トトメス２世のスカラベの数が圧倒的に少ないことから治世は短いと述べた[21]。河合もその治世は３年と述べている[22]。

　トトメス２世が亡くなった際、王位継承者であるトトメス３世は幼かった。そのため、（血縁はないが）母であるハトシェプストが王の摂政となった、と一般的に考えられている。

（２）中期

　ハトシェプスト（前1473-前1458年頃）は、トトメス３世治世９年目に単独統治者となった、とホルヌンクは捉えている[23]。一方ミルロップと河合は、治世７年頃と捉えている[24]。女王として単独統治を開始したハトシェプストは、デル・エル＝バハリに葬祭殿を建設した。葬祭殿の壁画には、彼女が積極的に行ったとされるプントとの貿易外交の様子などが描かれた。第５章で詳しく述べるが、葬祭殿１階部分にトランペットを描いた壁画が存在する。彼女の彫像は伝統的な古代エジプトの王として表現され、メネス頭巾、腰布、付け髭を身に着けた、いわゆる「男装の女王」として表現された。

　多くの学者はハトシェプスト女王を、「正統な男性の王」が存在するにもかかわらず、女王として単独統治を行った点から、ともすれば「権力に捉われた

女王」「権力を維持するために画策する、男勝りな女王」として表現する傾向
が強い。これを筆者は、エジプト学者は男性が多く、男性視点でこの女王を捉
えていることが要因ではないかと感じている。ハトシェプスト女王の彫像は確
かに男装こそしているものの、女性らしさを感じさせるものが多く、華奢な手
足から少女を思わせる彫像も存在する。女王を取り巻く人間関係からも、彼女
が権力のみに固執した女王であったとは考えにくい。エジプトは「男性の王」
が統治を行うのが常であった事実、遠征を行い戦士としての王が認められてい
た背景から、女性でありながら王として政治を執り行うにあたって、さまざま
な偏見や困難があったことは想像に難くない。血筋としては正当であったにせ
よ、その治世は決して楽なものではなかったであろう。ハトシェプストが権力
を維持するためには、アメン神官団の支持を得るのは最重要事項であり、彼女
はカルナック神殿における寄進増築を進めている[25]。ハトシェプストは、葬祭
殿をはじめ、エジプト全体で何百もの建設事業を行った。非常に多くの彫像が
作られたため、世界中の古代エジプトの遺物を所蔵する主要な博物館にハト
シェプストの彫像を認めることができる。彼女がエジプト国内で反乱もなく、
統治を続けることが可能であったのは女王の政治的手腕が長けていた事実に他
ならない。一般的に、女王は平和外交であったといわれているが[26]、建設事業
の邁進に加え、文化面でも栄えていたことが指摘される。その際、音楽の分野
ではどうであったかはこれまでに研究がなされていないため、興味深い。

　ハトシェプストが女王として単独統治していた治世については、現在まで議
論が続いている。これは、前王トトメス 2 世との共同統治期間、続くトトメス
3 世との共同統治期間が存在し、さまざまな表記で治世が記されていることが
原因として挙げられる。加えて、後世の王がハトシェプスト女王の記録を抹消
したことによって、さらに複雑になっている。ミルロップは、女王が15年単独
統治した後、トトメス 3 世の治世22年、前1458年に記録から消えるため、この
頃に亡くなったとした[27]。この点は、ホルヌンクも、意見を同じくしている[28]。
ブライアンは、ハトシェプストの治世20年もしくは21年目に、トトメス 3 世が
単独統治を行ったとみている[29]。

トトメス 3 世（前1479-前1427年頃）はハトシェプストの死後、ハトシェプストの娘ネフェルラーと婚姻を結んでいたため、問題なく王位を継承したと多くの学者は捉えている[30]。しかしながら、ダンロップらは、ネフェルラーとトトメス 3 世が婚姻を結んでいたかどうかは、はっきりしないと述べている[31]。上述したように、王は治世22年頃から単独統治を行った、と考えられる。王の治世において、組織的にハトシェプスト女王の記録を抹消した形跡が見られる[32]。トトメス 3 世はシリアへ17回にわたる軍事遠征を行った[33]。王はその偉業から、一般的に古代エジプトのナポレオンと呼ばれている。遠征に赴き、勝利を収めカルナック神殿に寄進を行った王は、第 6 塔門、小聖所、 4 本のオベリスクを建設している。ハトシェプストの治世に引き続き、アメン神官団への寄進は続いた。

　レクミラ墓には、レチェヌウの族長たちがシリアから貢物として動物（馬、象、熊）を連れ、貴重な武器や土器等を提供している様子が描かれている[34]。このような際に、新たな楽器が流入した可能性もあろう。同墓には、ハープやリュート、太鼓の演奏を行う描写が存在し、リュートは古王国時代には存在しない楽器である。トトメス 3 世の治世は、息子アメンヘテプ 2 世との共同統治期間を含め、30年と10カ月とホルヌンクは捉えている。一方で、ブライアンは、54年と述べており[35]。トトメス 3 世の治世年数は諸説ある。アメンヘテプ 2 世の単独統治の期間は、未だ解明されていない[36]。

　続くアメンヘテプ 2 世（前1427-前1401年頃）は、トトメス 3 世の息子である[37]。父と同様に、積極的にシリア遠征を行い[38]、ミッタニとの戦いが知られている[39]。

　ホルヌンクは、最後の記録から、治世は25年と10カ月と捉えている[40]。ブライアンは、トトメス 3 世治世46年か47年頃から、共同統治を行ったと推察している[41]。アメンヘテプ 2 世のルクソール博物館所蔵の碑文には、王が体力と戦士としての抜きんでた能力を示す偉業が記されている[42]。トトメス 3 世に続き、偉大なエジプト王として崇められるためには、「戦士としての王」の要素が必須であったと捉えられる。

　トトメス4世（前1401-前1391年頃）は、スフィンクスの足元に「夢の碑文」を建設したことで有名な王である[43]。夢の碑文によると、若きトトメス4世は狩りに出かけ、スフィンクスの影で眠ってしまった。すると、夢の中にスフィンクスが現れた。スフィンクスは王子に、自分の体を埋めている砂を取り除けば、王位に就けることを約束した[44]。これは、トトメス4世の王権を正当化する一種のプロパガンダであると、学者は捉えている。ブライアンは、治世は少なくとも8年は続いたと述べ[45]、ホルヌンクは、マネトンの記述に基づきおそらく9年8カ月ほどと捉えている[46]。トトメス4世の短い統治期間については、ほとんど知られていない。ヌビア遠征を記録したステラ[47]が存在するが、前王たちの遠征の功績もあり、エジプトの情勢は落ち着いていたと考えられる[48]。王は8年目にヌビアで発生した小規模な反乱を鎮圧し、ステラの中ではシリアの征服者として言及されている[49]が、軍事功績については他にほとんど明らかになっていない。トトメス4世のシリア支配については、ミッタニの王女との婚姻関係を結んだことで、平和的な関係を築いたとされるが、この点につき後述する。

　ナクト墓には、葬式の宴会においてハープ、リュート、双管オーボエを少女たちが演奏する描写が描かれる。トトメス3世時代と比べ、楽器の種類は増加しており、盲目のハープ弾きの描写も見られた。

　続くアメンヘテプ3世（前1391-前1351年頃）治世は、古代エジプト史上最も繁栄した時代の1つである。前王たちによる度重なる遠征は、シリア及びヌビアにわたる古代エジプト帝国の基礎を築き上げていた。そのため、アメンヘテプ3世の治世下には軍事行動は必要なかった、と捉えられている[50]。

　アメンヘテプ3世は、トトメス4世と、第一正妃ムウトエムウィアの息子である[51]。ムウトエムウィアは、ミッタニの王女であるとの見方が一般的であるが、ダンロップらは言及しておらず、ミルロップとブライアンは否定的な姿勢をとっている[52]。この背景には、他国との同盟関係を保つため、外交政策の一環として、他国の女性がエジプト後宮に輿入れしたという事実がある。アメンヘテプ3世の後宮には、外国人女性が多く存在した[53]。シリアの諸外国、ミッタニ、

ヒッタイト[54]など他国との外交も盛んに行い、多くの外交書簡が現在も残る[55]。この事柄は、当時の音楽にも少なからず影響を及ぼしたと、考えられる。外国人女性は、輿入れの際に楽師たちを連れてきた。この後の、アメンヘテプ４世（アクエンアテン）の王宮には、シリアからの楽師たちが存在していたことが判明しているが、エジプトの王宮にシリアの音楽がもたらされたのは、アメンヘテプ３世の時代であると捉えてよいだろう。ケルエフ墓のセド祭を祝う宴会の場面[56]で描かれたカイロノミストの描写が、新王国時代においてカイロノミストに関する最後の描写となった。

　アメンヘテプ３世は、治世２年アクミームの貴族イウヤとチュウヤの娘ティイを正妃[57]とした。このティイは第一王妃としてシタムン、イシス、ヘヌタネブ、ネベタ（ベケトアテンと同一と考えられる）、トトメス、アメンヘテプ４世（アクエンアテン）、スメンクカーラー、王墓（KV35）より発見された若い女性（KV35YL）、をアメンヘテプ３世との間に儲けた[58]（図２）。ティイについては、第３章で、ツタンカーメン王との関係を詳しく述べたい。また後の王アイが、このティイの兄であるという学説も存在するが、それを直接証明する証拠はない[59]。

　アメンヘテプ３世は、多くの建造物を建築した王としても知られる。テーベ西岸に建設したアメンヘテプ３世葬祭殿をはじめ、メディネト・ハブの南にマルカタ王宮を建造した[60]。アメンヘテプ３世が制作させた多くの彫像は、後の王たちによって流用されている。王宮付近から、ティイの舟遊びのために造らせた湖についての記述を持つスカラベ[61]も出土している。舟の名前が「アテン神の輝き号」と名付けられていた点は、後のアメンヘテプ４世が始めたアテン信仰の先駆けと指摘されている。カルナック神殿への寄贈に加え、ルクソール神殿建設を開始し、各地に神殿を建設させた[62]。アハモセ１世から開始された度重なる遠征を通して、長年の間蓄積された神殿への寄進は、アメン神官団の力を確固たるものとした。アメンヘテプ３世時代に、その力は揺るぎないものとなっていたのは間違いない。

　その結果、アメン神官団の力は政治にも大きく影響することとなり、それが

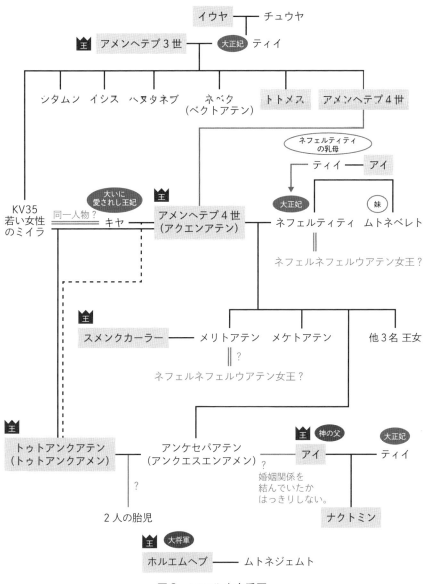

図２　アマルナ家系図
[筆者作成]

この後のアマルナ改革を引き起こした要因である、と一般的には捉えられている。ホルヌンクとミルロップは、セド祭の記録から、アメンヘテプ3世の治世は38年としている[63]。

第2項　アマルナ研究とツタンカーメン

　アメンヘテプ3世とアメンヘテプ4世（アクエンアテン）との共同統治が存在したか否かについては、1899年から学者の間で議論されてきたが未だ答えは出ていない[64]。兄トトメスが早世したため、アメンヘテプ4世（前1351-前1334年頃）が王位を継承した。アメンヘテプ4世は、本来王の治世30年を記念して行なわれるべきセド祭を、治世2年目に行ったことはこれまでの研究で指摘されている[65]。この際王はカルナックに、太陽信仰、特に太陽円盤であるアテンと結びついた4体の彫像を立てるように命じた。さらに、アメン神殿の東側にアテン神殿群を増設した[66]。初期の記念碑に目立つのはアテン神のみでなく、アメンヘテプ4世の大正妃ネフェルティティ（ネフェルトイティ）の存在である。ネフェルティティについては詳しく後述する。

　アメンヘテプ4世は、新しい芸術様式を生み出した。壁画や彫像に見られる様式の特徴として、人々は細長い顔、垂れ下がった腹、幅広い臀部、細く華奢な手足を持つ。王がそのような身体的特徴を所持していたという学説も存在したが、他の人々も同様に表現されているため、ややその学説は無理があるように見受けられる。そして、アメンヘテプ4世の治世4年、現在のテル・エル＝アマルナの場所に、都アケトアテン（アテンの地平線）を建築した[67]。加えて治世6年までには、自身の名をアクエンアテン（アテンのために効力を持つ者、アテンに愛されし者）と改名した。以前は、治世5年に遷都及び改名を行ったと考えられており[68]、ミルロップは、改名を行ったのは治世5年であるとしている[69]。しかし最新の研究でレッドフォードは、治世6年までに改名と遷都を行ったとの見解を述べている[70]。この際、ネフェルティティも、ネフェルネフェルウアテン（アテンの美は麗しい）という新しい名を所持したとされる[71]。このことにより、王はアメン神及びアメン神官団と完全に決別した。アメン神殿

は閉鎖され、王は国中に彫られたアメンの名前を削るように命じたとされる[72]。アテン神がエジプトの唯一神となり、王のみがアテン神との交流を持つ存在とされた。アクエンアテンが行った、エジプトの宗教と芸術における一連の革命を、アマルナ革命及びアマルナ改革と現代の私たちは呼んでいる。芸術における、と前述したように美術だけではなく、音楽の分野においても従来から変革が起きたことは前章において既に指摘した。改革中も、ヌビアとレヴァントとの交流は続けられ、レヴァントの諸国と良好な外交関係を保っていた、とホルヌンクは指摘する[73]。この点につき、アクエンアテンの治世12年において、外国の大使がエジプトを訪れた事実から、明らかであると述べている。

　大正妃であるネフェルティティの出身、出自については現在までに判明していない。「王の娘」「王の姉妹」等の称号を所持していないことから、王族の血は引いていないものと思われる[74]。ミッタニの王女説や、アクミーム貴族でアクエンアテンの重臣であったアイ（後の王）の娘説などの学説が存在する[75]。ミッタニの王女説は、ネフェルティティの名前が「やってきた美しい人」の意味を所持することに由来する。この外国人説は根強いとの印象を、筆者は抱いているが、未だ確たる証拠はない。ドンソンらはアイの娘説を支持しており、これはネフェルティティの乳母であるティイという女性の夫が、アイであることに由来する。あくまで仮説にとどまるが、ネフェルティティはアイの娘であり何らかの理由で母親が亡くなり、ティイに育てられたという説である[76]。

　出自ははっきりとはしないが、ネフェルティティは、王と同じ大きさで描かれているステラ[77]や、伝統的な王の特権である、敵をうち倒す姿で描かれているステラ[78]からも非常に強い権力を所持していたとの見解を、学者たちは抱いている。彼女は独自の宗教施設フウト・ベンベンを所持し、そこではネフェルティティが単独で描かれていたことも指摘されている[79]。

　ネフェルティティは、メリトアテン、メケトアテン、アンケセパアテン、ネフェルネフェルウアテンタァセレト、ネフェルネフェルウラー、セトペンラーの少なくとも6人の娘を生んだ[80]。ドンソンらは、6人の娘の名前は諸説あるとし、母親がキヤである可能性も指摘している。キヤは「大いに愛されし王妃」

の称号を所持する女性であり、ツタンカーメンの母親であると考えられてきた。アクエンアテン王治世9年から11年まで彼女の存在は確認されているが、11年になるとキヤの図像はメリトアテンに変えられている[81]。キヤは外国人であるといわれることもあるが、その出自等はまったく判明していない。

　アクエンアテンの後期の治世については、後に迫害の対象になったことから碑文等の銘文資料が極めて少ない。ホルヌンクは、アマルナから出土したワイン壺のラベルに治世17年とあることから、おそらく治世は17年もしくは18年であると考えた[82]。この点につき、王は治世17年にワイン瓶封印後まもなく亡くなった、もしくは治世18年において封印前に亡くなったとの2通りの推測がなされるからである、と述べている。

　アクエンアテンの死後、ツタンカーメン王までにスメンクカーラー（前1334-前1337年頃）とネフェルネフェルウアテン（？-？）と呼ばれる2人の王の存在が、現在までに明らかとなっている。しかし、2人についての銘文等の資料が非常に乏しいため、現在も研究が進められている。

　スメンクカーラーは、アクエンアテンとネフェルティティの長女メリトアテンと結婚していたと考えられ、ホルヌンクは3年間統治したと述べる[83]。

　スメンクカーラーと、ネフェルネフェルウアテンは同じ即位名「アンクケペルウラー」を持つことから、シュナイダーをはじめ、多くの学者は、スメンクカーラーとネフェルネフェルウアテンは同一人物だと捉えていた[84]。しかし、ガボルデが、ネフェルネフェルウアテンが「アンケトケペルウラー」という女性形の即位名を所持していることを発表したことから、ネフェルネフェルウアテン女王が存在したことが明らかとなった[85]。そして、ガボルデは、ネフェルネフェルウアテン女王は、メリトアテンであるとの考えを述べた。

　現在までに、ネフェルネフェルウアテン女王に関する素性や治世などは、ほとんど解明されていない。ハリスやドンソンが提唱したアクエンアテンの正妃ネフェルティティであるという説[86]、ガボルデが提唱したスメンクカーラーの正妃メリトアテンであるという説[87]が挙げられるが、現在までに議論の決着はついていない[88]。ネフェルティティは、アクエンアテン治世13年頃に記録から

姿を消し、死亡もしくは失脚したと考えられていたが、2015年にペレがアクエンアテン治世16年の日付のグラフィトにネフェルティティの名が存在することを発表した[89]。この点につき、ペレは、スメンクカーラー王の後にネフェルティティがネフェルネフェルウアテン女王になったと主張している。これに伴って、河合はネフェルティティがアクエンアテンの共同統治者となった学説を提唱した[90]。河合は、それまでガボルデの学説を支持する立場をとっていたが、ネフェルティティがネフェルネフェルウアテン女王と同一人物である旨を述べている。

　ドンソンは、スメンクカーラーが、アクエンアテンの治世13年頃に、アクエンアテンの共同統治者となり、メリトアテンと結婚したがすぐに死亡した、と述べた。しかし、次の後継者（トゥトアンクアテン、後にトゥトアンクアメンと改名）がまだ幼かったため、ネフェルティティが王位に就いたと推測しているが、その治世が何年ほどであったのか等は言及していない[91]。しかし、パイリ墓に、ネフェルネフェルウアテン女王の治世3年の日付のグラフィトが残されていることを挙げている。

　この後の章で幾度も繰り返すこととなるが、アクエンアテン、スメンクカーラー、メリトアテン、ネフェルネフェルウアテンのために制作されたと考えられる副葬品がツタンカーメン王墓の副葬品に流用されている。

　アクエンアテンは、アケトアテンの境界碑において「わがために、墓を東方の山の中につくるべきこと。わが父、アテンが、われに命ぜしごとく、わが埋葬はその地において祭りを重ねておこなわるべきこと。王の、主なる妻、ネフェルティティの埋葬も年重ねて、その地におこなわるべし。……王の娘メリトアテンの（埋葬も）、年重ねてその地におこなわるべし。」と示している[92]。つまり、アクエンアテンは、自身とネフェルティティ及びメリトアテンもアマルナの地に埋葬するように指示している。このことから、上記の王たちはおそらくアケトアテンに埋葬されたのであろう。しかしながら、この後ツタンカーメン王は王家の谷に、アクエンアテン王とティイの再埋葬（KV55）を行っている。スメンクカーラーとネフェルネフェルウアテン女王、メリトアテンの名の副葬品

がツタンカーメン王の副葬品に流用されている事実は、何を意味しているのであろうか。これは、彼らの再埋葬が適切に行われなかった、ということなのだろうか。河合は、いくつかの副葬品がツタンカーメン王の名に書き換えられている点から、ネフェルネフェルウアテン女王は適切に埋葬されていないと指摘した[93]。リーヴスは、ネフェルネフェルウアテン女王がツタンカーメン王の玄室の奥に埋葬されているとの説を提案したが、そのような空間があるかどうか現段階では判明していない[94]。

　前王からどのように王位を継承したか定かではないが、アクエンアテンの娘アンケセパアテンと婚姻を結んでいた、トゥトアンクアテン（前1337-前1328年頃）が次王となった。ドンソンは、ネフェルネフェルウアテン女王と共同統治をしたと考えている[95]が、それを示す証拠はない。ホルヌンクと河合は、王墓から出土したワイン壺に記されている最も新しい日付が10年であることから、トゥトアンクアテンは8-9歳で即位したとみている[96]。

　前述したように、トゥトアンクアテンの母親は、キヤであると考えられている[97]。最近のDNA研究によると、KV35から発見された若い女性のミイラが、トゥトアンクアテン（ツタンカーメン）の母でありアメンヘテプ3世とティイの娘であることが特定された[98]。しかし、キヤが王女であったことを示す遺物は見つかっておらず、このミイラがキヤであるのか、もしくはツタンカーメンの母親はキヤではないのか、現在までに解明されていない[99]。

　治世3年までに、トゥトアンクアテン王はアケトアテンを離れ、メンフィスに移った。そしてトゥトアンクアテンとアンケセパアテンは、トゥトアンクアメン（ツタンカーメン）とアンクエスエンアメン（アンケセナーメン[100]）と名前を改名した[101]。治世4年の日付が刻まれたツタンカーメンの「信仰復興碑」には、アテン神からエジプト多神教を復興した、同王が成し遂げた偉業が記されている[102]。以前は、幼い王が、従来の多神教を復興することで、自身の王としての正当性を主張しようとしたとの見方もあったが、最近の研究ではアテン神からアメン神を中心とする多神教への回帰は、ネフェルネフェルウアテン女王の治世には始まっていたと指摘されている[103]。ドンソンも、アメン神への迫

害はアクエンアテンの治世の最後に行われ、彼の死とトゥトアンクアテンの即位で終わったと述べている[104]。ツタンカーメンはその治世において、精力的に建築活動、及び修復活動を邁進し、復興事業を推し進めたとされる。

　しかし治世9年[105]、18歳のツタンカーメンはおそらくマラリアと何らかの感染症が原因で死去した[106]。これによってアマルナ一族の血族による後継者は途絶えた。ツタンカーメンの2人の子供は、胎児の段階で亡くなっており、同王と共に埋葬された。夫を失った王妃アンクエスエンアメンは、ヒッタイトのシュッピルリウマに手紙を送り、婚姻相手として王子を送るように依頼した[107]。ヒッタイトからは、ザナンザ王子が派遣されたが、道中で殺害された。筆者はこの件には、ホルエムヘブが関わっていると考えているが、それを示す証拠はない。ガボルデは、この未亡人はメリトアテンを指し、スメンクカーラーがザナンザである仮説を提示した[108]。しかし、河合をはじめ多くの学者は証拠が不十分であることや、死んだ王の名前は「ニプクルリヤ」と記されたことから未亡人はアンクエスエンアメンのことを指すとしている[109]。

　そのため、ツタンカーメン王の後見人であった高齢のアイ（前1328-前1324年）が王位に就いた。前述したように以前は、アメンヘテプ3世の正妃ティイとアイが血縁関係にあったと主張する学者もいたが、証拠はない。

　アイの他にも、ツタンカーメン王の後見人としてはホルエムヘブの名が挙げられる。ホルエムヘブは「大将軍」「王の外交使節」の称号を持ち、王に代わる軍事・行政の最高責任者であった[110]。ミルロップをはじめ、ホルエムヘブがシリアへ軍事遠征を行っている間に、アイが強引に王位を継承したと捉える学者も存在する[111]。一方、アイは「神の父」の称号を持ち、ツタンカーメンの非常に近しくまた重要な側近であることから、次の後継者となることは自然であると河合は述べている[112]。ミルロップも、ホルヌンクもアイの治世はわずか4年であった、としている[113]。アンクエスエンアメンとアイのカルトゥーシュが並んで記された指輪が存在するが、これは婚姻関係を結んだともとれるが同盟を結んだともとれる[114]。アンクエスエンアメンが、その後どうなったかは記録がないため、不明である。しかしながら、アイの墓には大正妃としてはティイ

の描写のみが存在し、アンクエスエンアメンの描写はない。この点につき、ツタンカーメン王墓にもアンクエスエンアメンの描写はない。この事柄は、彼女の存在は危険を孕んでおり、ツタンカーメンの死後、故意に記録から消されたように感じられる。しかしながら、あくまで推測の域を出ない。

アイには息子ナクトミンがいたことが判明しているが、即位はしなかった[115]。その後、前述した軍事指導者であるホルエムヘブが、次王となった。ホルエムヘブの妻、ムトネジェムトはかつてネフェルティティの妹と考えられ、これが即位の一因であると考えられた[116]。しかしながら、最近ではネフェルティティの妹はムトベネレトであることが指摘され、同一人物ではないとされている[117]。

ホルエムヘブは、アメン神を中心とした多神教への復興事業を進め、アマルナ時代の痕跡を徹底的に抹消した。アケトアテンの王宮は解体され、他の神殿への詰め石にされた。加えてツタンカーメンとアイが行った建設事業における王たちの名前を、ホルエムヘブと書き替え自らの業績とした。アクエンアテンからツタンカーメンまでの王たちは歴史から消され、ホルエムヘブの治世の一部とされた。アマルナに関する研究を困難にしている要因は、迫害による一次資料の不足が第一に挙げられよう。アケトアテン、すなわちアマルナの神殿や神像、貴族墓の壁画に至るまでが、徹底的に破壊された。この点は、一次資料を用いる音楽研究を非常に困難なものとしている。従来、エジプト学者がアマルナの研究の対象とした壁画等はわずかに過ぎないが、ケンプをはじめ、現在も多くの研究者によって、現地調査や研究が精力的に進められている。

なお、ホルエムヘブは後継者がいなかったため、重臣の軍人パラメセスを後継者とした。こうして第18王朝は幕を下ろし、その後の王たちもアマルナの王たちを歴史上から抹消し続けた。これら一連の行為により、ツタンカーメン王はその存在を忘れ去られることとなった。

第2節　ツタンカーメン王墓（KV62）

　前節で述べたように、わずか在位9年であったとされるツタンカーメン王は、忘れ去られた存在であった。にもかかわらず、この少年王が後に古代エジプトで最も著名な王となった理由は、同王墓が発見された経緯にある。ツタンカーメン王墓の詳細な報告書は、カーター及びリーヴスが記しており[118]、以下ではそれらを参考に、また近年の研究も採り入れながら同王墓の詳細や議論の状況を整理しておく。

第1項　王墓の実際

　ツタンカーメン王の死亡時期がいつであったかは判明していないが、カーター及びホルヌンクは、王墓に納められた植物の分析に基づき、3月中旬から4月下旬に埋葬は行われたとみる[119]。王の埋葬を取り仕切ったのは、次王のアイであることは玄室壁画の口開けの儀式の様子からも明らかである。

　また、河合をはじめ多くの研究者は、次王のアイの墓（KV23）が本来ツタンカーメン王のために用意された墓とみている[120]。

　カーターは、墓の設計者が「永遠の土地の仕事の監督官」「西の仕事の監督官」の称号を持つ高官マヤであるとも断定した[121]。

　ツタンカーメン王墓の壁画に見られる黒カビの斑点は、壁画を制作した後すぐに遺体を埋葬し部屋を封鎖したために微生物が増殖した結果であるとされている[122]。この事実は、埋葬が急いで行われたことを示唆する。有名な黄金のマスクに覆われたミイラは三重の人形棺に覆われ金の厨子に納められた。宝物室、付属室、前室に副葬品が納められた後、外へ続く通路をさまざまな形の石材や礫で塞がれ、埋葬は完了した。

　その後、王墓には2度、墓泥棒が入ったことが明らかとなっている。この点については、次項で詳しく取り上げる。墓泥棒が墓を荒らした後、再び封印されたツタンカーメン王墓は盗掘を完全に逃れ、20世紀までその封印が解かれる

ことはなかった。

（１）王墓の基本的な構造
　基本的な設計プランは当時の私人墓に類似するが、カーターは部屋を90度回
転させると第18王朝の基本的な王墓の構造を持っている、と指摘した。
　入り口の階段から延びる１本の通路、長さ8.08 m、幅約1.6 m、高さ２mの
下降通路の先にまず前室が位置する。前室は左手奥、西側に隣接する付属室と、
右側には玄室を伴っている（図３）。
　前室の規模は縦3.6 m、横7.8 mで天井までの高さは2.2 mである。壁画に装飾
はない。解体された４台の王の戦車[123]が南東に置かれ、３台の儀礼用の長椅子
が西壁に沿って並べられた。北壁の玄室へと続く壁には、等身大の番人像が置
かれた。この前室には、2000を超える副葬品が納められていた。
　続く付属室は、縦2.6 m、横4.3 m、高さ2.5 mである。カーターはこの付属室
を、一般的な規模の墓における埋葬室に隣接する、側室に当たるものと解釈し
た。リーヴスは、この点につきカーターにとって付属室は、第18王朝の普通の
規模の王墓の地下室に付属する２つの部屋のうちの１つと同等のものであっ
た、との解釈を付け加えた[124]。壁画に装飾はない。壁は表面がざらざらしており、
ピンク色の光沢をしていた。カーターはこの点につき、「未完成の壁の表面に
は石工が残した目印や測量の赤い印がまだみられた。」「彼らのノミが削り取っ
た石灰岩の破片がそのまま床に散らばっていた。」との記録を残した。これら
のことからも、埋葬が急いで行われたのは明らかであろう。付属室には、ワイ
ンの壺、葬送用の供物、香油や軟膏の壺、箱、椅子、寝台の枠組みなどさまざ
まなものが雑多に納められていた。その雑然とした様は、墓泥棒が侵入して部
屋を荒らしてそのまま放置したのではないかと推測される。この点につき、次
項で後述する。
　玄室は、前室の床より1.2 m低くなっている。縦6.3 m、横４m、高さが3.6 m[125]
であり、装飾が施されていた。ツタンカーメン王墓において装飾が施された部
屋は玄室のみである。装飾の様式は、次王アイの墓と酷似しており、おそらく

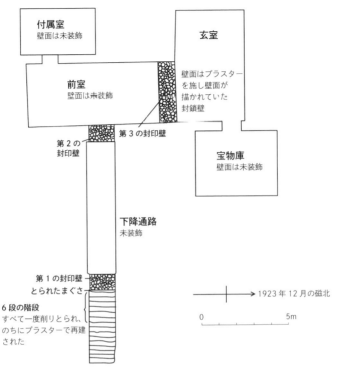

図3　ツタンカーメン王墓見取り図
[リーヴス 1993：125-図を一部改変]

　同じ職人の手によって施されている。ケケル・フリーズが施され、下地は黄金色に塗られている。西壁にはアム・ドゥアトの最初の書から、ヒヒが描かれた。一番上には太陽の船が描かれ、5人の神が立つ。王が再生するまでの間、旅をする12時間を表している。
　南壁はアヌビス神を後方に従え、西方のハトホル神から命のシンボルであるアンクを授かるツタンカーメン王が描かれている。おそらくこれは王が冥界に迎え入れられるシーンであると捉えられ、アヌビス神の後ろにはイシス女神と3人の冥界の神々が描かれていたが、イシス女神の部分は壁が取り除かれたた

め破損した形になっている。

　北壁には同じような形式で、オシリス神を抱く王のカーと共に、ツタンカーメン王がヌト女神の前に立つ。そして並んで、ツタンカーメン王のミイラの前で口開けの儀式を行うアイが描かれる。この場面を描くことによって、アイは自らの王権を主張した、と学者たちは捉えている。北壁の場面は、右側から左側に向かって、3つのシーンに分けられる。口開けの儀式、冥界におけるヌト女神の出迎え、冥界の神オシリス神に迎え入れられる、の3場面で構成されている。

　東壁には、橇にのったツタンカーメン王のミイラが、ネクロポリスを運ばれていく様子が描かれている。白装束で白いバンドを巻いた葬送の行列は、5組の男（12人）で構成される。前から4番目の2人は、他の人物とは異なる衣装を身に着けた上エジプトの宰相ペントゥウと下エジプト宰相ウセルメンチュウであると考えられる。最後に一人立つ人物はおそらく将軍であり、後に王となるホルエムヘブである、とリーヴスは指摘している[126]。彼らは声を揃えて「ネブケペルウラー、平和のうちに来たれ。神よ、この地を守りたまえ」と唱える。このような葬列は私人墓には描かれるが、王墓には他に類例がない。

　壁画での人物プロポーションは、南壁はエジプトの伝統的なプロポーションに従っているが、それ以外はアマルナ様式のプロポーションで描かれている点は非常に興味深い。

　玄室一杯に四重になった金箔を施した厨子と珪石製の石棺の中に、金箔を施した木棺が二重に、さらにその内側に純金の棺があり、王のミイラが埋葬されていた。ミイラは黄金のマスクを被り、宝飾類に飾られていた。

　玄室の北東脇に備えられたのは、宝物庫と呼ばれる部屋である。縦3.8 m、横4.7 m、高さ2.3 mのこの部屋にも、多くの副葬品が納められていた。納められていた副葬品から判断して、この部屋は普通の規模の墓のクリプトに相当する、とリーヴスは述べた[127]。宝物庫には、カーターが墓の最大の宝物であり最も美しい記念物と呼んだ、王のカノポス壺が納められた厨子が置かれていた。アヌビスの厨子、ツタンカーメン王の胎児のミイラ、葬送に関する呪術的像や

模型の船の数々が出土した。入り口付近に並んで置かれていた箱の中身は古代において荒らされた痕跡があったが、失敗したらしく再び箱の中に戻されたようである、とカーターとリーヴスはみた。

（2）王墓出土の楽器

　以上が、ツタンカーメン王墓詳細であるが、表2のとおり同王墓からは、3種類の楽器（クラッパー、トランペット、システラム）がそれぞれ2点ずつ出土している。

表2　ツタンカーメン王墓から出土した楽器一覧

カーター番号	発見場所	副葬品　種類	表記された人物名
75.76	前室	システラム	
50gg	前室	トランペット	ネブケペルウラー
620	付属室	クラッパー	ティイ・メリトアテン
175	玄室	トランペット	ネブケペルウラー・ツタンカーメン・ヘカイウヌウシェマア

　楽器は、ツタンカーメン王墓の前室、付属室、玄室から出土しているが、ツタンカーメン王以外の王族の名前が刻まれているものもある。

　前項で指摘したように、従来のアマルナ音楽研究の困難さは、一次資料の不足に原因があった。しかしながら、上述したようにツタンカーメン王墓はほぼ未盗掘の状態の唯一の王墓である。楽器と、多くの副葬品の出土状況をあわせエジプト学的に考察することで、同時代に関する研究に対する新たな知見が得られるかもしれない。次章から、それぞれの楽器ごとに詳しく考察・検証を加えたい。

第2項　調査にまつわる問題

　楽器について考察・検証を加える前に、留意しておかなければならない問題を提示しておく。

（1）古代における盗掘

　まず、ツタンカーメン王墓は「ほぼ未盗掘の」墓である、という点に留意せねばならない。王家の谷において、他王墓は古代において既に開放されていた。しかし、このツタンカーメン王はカーターが発見するまで、開放されることなく盗掘を免れてきた。それでも古代において、おそらく王が埋葬されてすぐに、2回の墓泥棒が侵入した点は記しておかねばならない。

　ツタンカーメン王墓の通路を塞ぐ封印壁は、少なくとも2回開封と封鎖を繰り返していることが、明らかとなっている。通路からは前室から持ち出されたであろう副葬品の破片が出土している[128]。カーターは、これらは墓泥棒が落としたものと考えた。最初の盗掘は墓全体を荒らし、2回目の盗掘は前室と付属室にのみ侵入した、と考えた。墓泥棒たちの関心は主に貴金属にあるとし、宝物庫の宝石の6割は盗掘されたと推定している。この点を立証するかのように、前室の箱の1つには純金の指輪を包んでいた亜麻布が投げ入れられた状態で出土している。

　また被害が一番酷く残されたのは付属室であった、この点を彼は前室と比較し以下のように述べた[129]。

　「はじめに、前室と副室が発見されたときの、それぞれの状況には奇妙な違いがあった。後者の場合、すべてが乱雑の中にあり、床の上は1センチといえども空いていなかった。盗賊がすべてを、めちゃめちゃに引っくりかえしたこと、室の現在の状況は正確に彼らが置いていったままのものであることは、きわめて明らかである。前室の場合はまったく違った。たしかに相当な乱雑さであった。しかし、それは秩序のある乱雑さであった。トンネルと再封印の扉が示す墓荒しの証拠がなかったなら、はじめてそこを見た人は、そこでは一度も墓荒しがなされなかった、乱雑さは埋葬時のオリエント的無頓着さのせいだ、と想像したかもしれない。しかしながら、わたしたちがその室を清掃しはじめたとき、この比較的秩序ある状態はあわただしい片付けのせいで

　あること、盗人は副室の場合とまったく同じようにこの室で急いでい
たことが、たちまち明瞭になった。同一品の各部分が室内のさまざま
な場所で発見された。箱の中におさめられていたはずの品は床の上、
あるいは寝台の上に横たわっていた。ある箱の蓋の上には、無傷の、
しかし捻れた一組の胸飾りがあった。戦車のうしろには、まったく近
づきがたい場所に、箱の蓋があり、箱そのものはずっと離れて、もっ
とも奥の扉の近くにあった。きわめて明瞭に、盗賊はまさに副室でやっ
たと同様に、ここで品を投げちらし、そのあとに誰かが来て室を片づ
けたのである。」

　おそらく前室も王の埋葬時には、床の上にある程度の副葬品が置かれた状態
であった。墓泥棒は、玄室に侵入し宝物庫に納められた箱内の貴金属にも手を
付けているが、反してカーターは、玄室の厨子の周りのさまざまな遺物はその
ままであるとも述べた。これは玄室の副葬品には墓泥棒の目当ての品がなかっ
た、と捉えてよいのであろうか。玄室に副葬された銀製トランペットは盗掘の
影響を受けず、副葬時の位置であると捉えてよいのであろうか。
　リーヴスは、入り口の通路には本来前室に入りきらなかった副葬品が納めら
れていたが、最初の盗掘の際に置かれた品々はKV54に納められ、盗難を予防
するため通路は砂利で埋められた、と推測している。また彼は、資料を検討し
た結果、最初の盗掘は前室と付属室に侵入し、2回目の盗掘で墓全体が荒らさ
れたと述べている。しかし、カーターの述べたように墓泥棒が貴金属に興味を
持っていたことには同意し、亜麻布や化粧品もまた関心が高かったとした上で、
香油や軟膏が王墓から出土していないのはおそらく墓泥棒が盗んだと考えた。
　墓泥棒たちに荒らされた後、王家の谷の役人たちによってすばやく封鎖石と
封鎖壁を施され、再び王は埋葬された。しかしこの点につき、修復を行った役
人は、墓に関心が集まるのを恐れたためか、修復作業は盗掘と同様に大急ぎで
行われたようで、残念なことに大変雑なものであった、とリーヴスは指摘した。
この点は、前室のトランペットが挿入されていた箱（カーター番号50）にも、

影響を与えたと思われる。

　注目すべきは、この墓泥棒が落としたとされる通路の遺品の中に、楽器と関係ある品が2点（矢じり、ブロンズの止め釘[130]）含まれている点である。楽器を副葬した位置を考慮する上で、留意しなければならないだろう。この点につき、各章において、詳しく取り上げたい。

　幾点もの楽器が、墓にそのまま残されていたことは、墓泥棒にとって楽器への関心の低さを窺わせる。これは、おそらく楽器は窃盗後の処理に困る品々であったと予測される。銀製及び象牙製の楽器は、当時の素材としては貴重であるが王名の銘文が刻まれていることにより、すぐに盗品と判明してしまうであろう。さらにシストラム及びトランペットは、使用する人々が限定される。トランペットは演奏技能を習得していない人には簡単に吹けるものではなく、墓泥棒としては他の品を盗んだほうが効率がよいとの見方も可能だろう。

　以上が、ツタンカーメン王墓の副葬品の位置について検証する際、留意しなければならない1点目である。

　次に留意しなければならない点は、ツタンカーメン王墓の発見時に、カーターが一部の遺物を故意に動かしたとされる点である。カーターらがツタンカーメン王墓を発見した際、玄室のオープニングを待たずして玄室に入ったことは、既にリーヴスをはじめ多くの学者が指摘している[131]。

（２）カーターによる遺物の移動

　カーターらは、前室にたどり着いた際、付属室に通じる入り口と、左右対称に立つ等身大の番人像の間に封印された壁（玄室への入り口）を発見した。しかし、玄室の封印壁の底に小さな裂け目があり再封印した痕跡に、カーターは酷く動揺したという。このことは、古代における盗掘が、玄室まで及んでいることを意味したからである。この後、公式のオープニングを待つ前に、カーターとカーナヴォン卿、イーヴンは秘密裏に玄室に侵入したことが明らかになっている。おそらく古代の盗掘跡を発見したことから、彼らはツタンカーメン王のミイラが無傷であるかどうかが気になったとされる。ところが玄室に侵入し、

厨子の扉を開けると第二の厨子の封印には「ネクロポリスシール」と同じく
ジャッカルと9人の捕虜が装飾されていた。これを見て、カーターは安堵した
という[132]。

　しかし、この行為は無論決して許される行為ではなかった。よって、彼らは
この痕跡を消すための隠蔽工作を行う必要があった。そのため、玄室へ続く穴
をかごのふたやいぐさ[133]で隠した。その際、彩色を施された箱（カーター番
号21）は動かされており、発見当時とは反対に北ではなく南の方に箱の留め
金が置かれていることをリーヴスは指摘している。銅製トランペットが挿入さ
れていた箱（50）が、前述したカーターが動かしたとされる箱（21）の非常に
近くに位置していることは、考慮に入れなければならないだろう。

　その後、1922年から1933年までツタンカーメン王墓の本格的な調査が行われ
た。詳細な写真及び記録、個々の遺物の保存修復などが、調査隊に集められた
さまざまな分野の専門家によって進められた。遺物及び遺物群に番号が振られ、
撮影が行われた。カーターは、遺物に記録カードを制作し、説明やスケッチを
残した。遺物の出土位置も、平面図に記録された。ツタンカーメン王墓から出
土した数千点の遺物の写真、図面、記録はオックスフォード大学のグリフィス
研究所HP[134]で、現在は閲覧することが可能である。このサイトは、世界中の
ツタンカーメンの研究を進める学者にとって非常に有益であり、本書でもその
アーカイブで公開されている情報を積極的に用いる。

　以上の事柄から、ツタンカーメン王墓はほぼ未盗掘ではあるものの、埋葬時
とは一部の副葬品について置かれた位置が異なる可能性が存在する。その点は、
次章からの各楽器に関する分析や議論の中でも常に留意し、論を進める。

註

1　紀元前3世紀、エジプト人神官マネトが記した王朝区分に基づく。王の出身地や
　出自などによって王朝が分けられている。

2　Hornung et al 2006 : 198.

3　Borchardt 1920 : pl. 18.

4 Dodson and Hilton 2004 : 123-124.

5 Grimal 1988 : 192.

6 Wittmann 1974.

7 Breasted 1906 : 20.

8 Dodson and Hilton 2004 : 127.

9 Mieroop 2011 : 171.

10 Mieroop 2011 : 161-165 ; Shaw 2000 : 223-224.

11 Mieroop 2011 : 180-182.

12 Shaw 2000 : 220.

13 Hornung et al 2006 : 200.

14 Mieroop 2011 : 172.

15 Dodson and Hilton 2004 : 131.

16 アメンの神妻職は、カルナック神殿のアメン神官団の中で最高位の女性神官の称号である [Shaw 2000 : 228]。

17 Gardiner 1964 : 180.

18 エデルスハイムは、トトメス2世のミイラの嚢胞の跡を、当時のエジプトとヒッタイトに蔓延していた疫病の可能性があると述べている [Edersheim 1890 : 134]。

19 Mieroop 2011 : 172 ; Dodson and Hilton 2004 : 131 ; Shaw 2000 : 228-229.

20 Hornung et al 2006 : 201.

21 Gabolde 1987.

22 河合 2021 : 156.

23 Hornung et al 2006 : 201.

24 Mieroop 2011 : 172 ; 河合 2021 : 158.

25 ハトシェプストは、アメン神の権威に基づいて、自身が統治する権利を主張した [Ray 2002 : 47]。

26 多くのエジプト学者は彼女の外交政策は主に平和的であったと主張しているが [Ruffer 1921 : 45]、ヌビアとカナンに対する軍事作戦を指揮していた可能性がある [Bunson 1991 : 161]。

27 Mieroop 2011 : 173.

28 Hornung et al 2006 : 201-202.

29 Shaw 2000 : 235.

30 Mieroop 2011 : 173 ; Shaw 2000 : 228-229.

31 Dodson and Hilton 2004 : 131.

32 Mieroop 2011 : 174 ; Shaw 2000 : 235 ; Dodson and Hilton 2004 : 132.
　カルナック神殿やハトシェプスト女王葬祭殿のハトシェプスト女王の姿や名前が
　銘文から削り取られた。現在では、ハワスをはじめ、トトメス3世が行ったかど
　うか懐疑的な見方をする学者も存在する。

33 Hornung et al 2006 : 202 ; Shaw 2000 : 237-239 ; Mieroop 2011 . 165 166.

34 Hawass and Vannini 2009 : 120.

35 Shaw 2000 : 228.

36 Hornung et al 2006 : 203.

37 Dodson and Hilton 2004 : 132.

38 Shaw 2000 : 239-24 ; Mieroop 2011 : 166.

39 フルリ人の興した、シリアの強力な軍事国家である。

40 Hornung et al 2006 : 203.

41 Shaw 2000 : 241.

42 Gardiner 1964 : 198.

43 Mieroop 2011 : 175 ; Shaw 2000 : 247.

44 Dodson and Hilton 2004 : 136-137 ; Shaw 2000 : 247.

45 Shaw 2000 : 247.

46 Hornung et al 2006 : 204.

47 Hornung et al 2006 : 204.

48 Shaw 2000 : 247.

49 Clayton 1994 : 114.

50 治世5年にヌビア反乱を鎮圧した記録があるが、これがアメンヘテプ3世の軍事
　行動として残された唯一のものである [Hornung et al 2006 : 204 ; Shaw 2000 :
　260]。

51 Dodson and Hilton 2004 : 13.

52 この点につき多説あり、ミッタニの王女が輿入れしたのは間違いないが名前は判
　明していないと指摘している [Mieroop 2011 : 166 ; Shaw 2000 : 252-253]。

53 少なくともミッタニの2人の王女ギルヘパ、ダトゥケパと政略結婚を行ったスカ
　ラベが発見されている [Hornung et al 2006 : 205]。
　ダトゥケパは、アクエンアテンの妃の1人になった可能性もドンソンらは指摘し
　ている [Dodson and Hilton 2004 : 146]。

54 トルコのハットウシャシュ（現：ボアズカレ）を首都とした軍事国家。鉄器を武

器として使用し、この後60年に亘りエジプトと関わることとなる。（古）ミッタニを滅ぼす。

55 Mieroop 2011 : 189.

56 The Epigraphic Survey 1980 : Plate 34.

57 結婚スカラベとして知られている [Dodson and Hilton 2004 : 145]。

58 Mieroop 2011 : 197 ; Shaw 2000 : 259-260 ; Dodson and Hilton 2004 : 145-146.

59 Dodson and Hilton 2004 : 145.

60 ２つの建造物は後の王たちによって解体され、現在は、アメンヘテプ３世葬祭殿跡地には「メムノンの巨像」と呼ばれる王の２体の像が残るのみである [Mieroop 2011 : 193]。

61 クレイトン1999 : 150.

62 Shaw 2000 : 256-258.

63 Mieroop 2011 : 199 ; Dodson and Hilton 2004 : 205.

64 Mieroop 2011 : 199 ; 河合 2012 : 110-111 ; 河合 2021 : 174-175.

65 Shaw 2000 : 268.

66 河合 2017 : 44.

67 同上

68 Shaw 2000 : 269.

69 Mieroop 2011 : 202.

70 Redford 2013.

71 河合 2017 : 44.

72 Mieroop 2011 : 203.

迫害はアメン神とムウト女神だけでなく他の神々にも及んだが、テーベ以外の地域では激しくなかったことは指摘されている [河合 2012 : 125]。

73 Hornung et al 2006 : 206.

74 Dodson and Hilton 2004 : 147.

75 河合 2012 : 132.

76 Dodson and Hilton 2004 : 147.

77 Neues Museum, Berlin所蔵 Inv.nr. 17813

78 Museum of fine arts, Boston所蔵 63.260

79 河合 2012 : 115 ; 2017 : 44.

80 Dodson and Hilton 2004 : 147.

81 河合 2012 : 134-135.

82 Hornung et al 2006 : 206.

83 Hornung et al 2006 : 207.

84 Schneider 1994 : 124.

85 Gabolde 1998 : 154-157.

86 Harris 1973 ; Dodson 2009 : 33.

87 河合 2012 ; Gabolde 1998 : 183-185 ; 2001 : 27-28.

88 近年の議論については、[Dodson 2009] が詳しい。

89 Perre 2014.

90 河合 2017 : 45-46.

91 Dodson 2009 : 36.

92 カーター 1966 : 224.

93 ネフェルネフェルウアテン女王を適切に埋葬する代わりに、アマルナの王墓に埋
葬されたアクエンアテン王及びティイ王妃をテーベに再埋葬することで第18王朝
の正当な王であること示した、と河合は述べている [河合 2017 : 47]。

94 Reeves 2015.

95 Dodson 2009 : 36.

96 Hornung et al 2006 : 207 ; 河合 2017 : 208.

97 河合 2012 : 134-135 ; Gabolde 1988 : 279 ; 2001 : 20.

98 ハワス 2012 : 85.

99 2022年11月に行われた、ARCE（American Research Center in Egypt）とエジプト
観光・考古省主催のツタンカーメン王墓発見100周年記念研究集会で W.Raymond
Johnson 氏は、キヤがツタンカーメンの母であることを示唆するレリーフに関する
発表を行った。
https://youtu.be/wf_MybYuaDl より2023.6.12 アクセス確認済み。

100 Ankhesenamen アンケセナーメン、と一般的に呼称されているが、古代エジプト
語では「アンクエスエンアメン」とする方が翻字として近い。

101 河合 2012 : 186 ; 2017 : 49.

102 河合 1999.

103 河合 2017 : 46.

104 Dodson 2009 : 36.

105 ツタンカーメン王墓の副葬品のワイン壺のラベルに書かれた治世から推測される
[Hornung et al 2006 : 208]。

[106] 死因は未だに断定されていない。検査の結果ツタンカーメン王の両親は兄妹であることが分かっており近親婚による遺伝子疾患を持っており、マラリアか骨折などの外的要因も加わったのではないかとハワスが発表している [Hawass and Sahar 2016 : 89-106]。

[107] Mieroop 2011 : 192.

[108] Gabolde 1998 : 221-224.

[109] 河合 2012 : 232.

[110] 河合 2012 : 208.

最近では、ツタンカーメン王がホルエムヘブを後継者として指名したとの学説も提示されたが、王自身が王家の断絶を認めたこととなり考えにくい、と河合は述べている [河合 2017 : 54]。

[111] Mieroop 2011 : 207.

[112] 河合 2012 : 204 ; 2017 : 55.

[113] Mieroop 2011 : 207 ; Hornung et al 2006 : 208.

[114] 河合 2012 : 236-237.

[115] アイより先に死亡したともいわれているが、詳しいことは分かっていない [Dodson and Hilton 2004 : 151]。

[116] Mieroop 2011 : 207.

[117] 河合 2017 : 53.

[118] Carter and Mace 1923-1933 ; Reeves and Wilkinson 1996.

[119] Hornung et al 2006 : 208.

[120] 河合 2012 : 215-216.

[121] 王のシャブティが納められた箱（カーター番号 331）に描かれた碑文に「王の葬送のために高官マヤによって奉納された」と記録されていることからカーターはこのように考えた [リーヴス 1993 : 234]。

[122] 河合 2012 : 226 ; カーター 1966 : 175.

[123] 実際の戦闘で使用されたのではなく、パレードなどの儀式で使用されたと最近の研究では指摘されている。

[124] リーヴス 1993 : 152.

[125] リーヴス 1993 : 124.

[126] リーヴス，ウィルキンソン 1998 : 257.

[127] リーヴス，ウィルキンソン 1998 : 254.

[128] 容器の蓋、金の破片、木片、矢じり、かみそり、弓などが発見されている [リー

ヴス 1988 : 136]。

129 カーター 1966 : 97.

130 カーター番号 12n [リーヴス，ウィルキンソン 1998 : 162]

131 リーヴス，ウィルキンソン 1998 : 87-89 ; 河合 2012 : 49.

132 河合 2012 : 51.

133 カーター番号 26 [リーヴス，ウィルキンソン 1998 : 88]

134 http://www.griffith.ox.ac.uk/discoveringTut/ より 2019.6.10 アクセス確認済み。

第3章
ツタンカーメン王墓出土の
クラッパー

　ツタンカーメン王墓出土のクラッパーは、形状及び刻まれている銘文等の内容から他の同種品とは異なる点が指摘されてきた。2人の王族の名が彫刻されたクラッパーは他に例を見ず、祖母「ティイ」と孫娘「メリトアテン」の名が1本のクラッパー内に並列して記された理由は解明されていない。先行研究では、演奏法や人物名の意味についてふれられてはいるが、具体的な理由については未解明である。本章では、先行研究及びその問題点を明らかにした上で、他の副葬品と比較分析を行いこれまでとは異なる観点から、このツタンカーメン王墓出土のクラッパーについて検討を加えてみたい。

第1節　古代エジプトのクラッパー

第1項　出土遺物

　クラッパーは打楽器の一種であり、日本語では「拍子木」と訳される。対になる類似物を打ち合わせ、音を出す楽器の総称である。数多くのクラッパーがエジプト全土より出土しており、多くの博物館に所蔵されているが、制作法及び演奏方法について正確には解明されていない。古代エジプトにおけるクラッパーの歴史は古く、先王朝時代のバダリ文化期（前4500-前4000年頃）に遡るとされる[1]。実在が確認される最古のクラッパーは、初期王朝時代（前3100-前

70

2686年頃）の王墓から出土している。形状や装飾は時代によって異なるものの、クラッパーは古代エジプト全時代を通じて存在した。

　初期王朝時代のクラッパーはアビドスやヒエラコンポリスといったエリート層に関する遺跡から多く出土し、動物の頭部（カモシカ、牛、羊）やアジア人と考えられる人間の頭部の装飾が施されている[7]。先王朝及び初期王朝時代において、象牙は威信財でもあった[3]。同種の遺物はアビドス王墓地からも出土しており、材質が象牙であること、及び捕虜である外国人の装飾が施されたことなどから、王族に関連の深い遺物であったと推測される。

　図1のクラッパーは、第18王朝末期の王、アクエンアテンが建造した都であるアマルナで発見された。王の邸宅にあった池の南側の土壙からミニチュアの木棺が出土し、中から亜麻布に包まれた状態で発見された[4]。

　形状については、棒形（古代エジプト名：m3ḥ[5]）や、ブーメラン形のクラッパーは徐々に内湾して緩やかな形状を呈するようになり、中王国時代及び新王

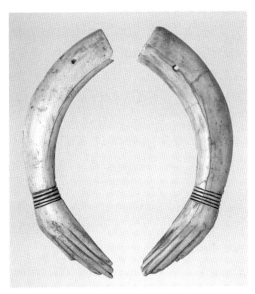

図1　新王国時代（アマルナ）時代のクラッパー
[メトロポリタン博物館蔵 32.5.2a,b：Creative Commons CC0 1.0]

国時代のクラッパーは手の形を模したものが多い（古代エジプト名：3wi）[6]。

　装飾的には、クラッパー全体に二重円が彫られる例や、音楽の神とされるハトホルの頭部を先端に象った例も存在する。このことから、クラッパーはハトホルの踊り手たちによる舞踊時に使用された可能性を指摘する研究者は多い[7]。またハトホルは多くのシストラムにも装飾として用いられたため、シストラムとクラッパーが共に使用される機会もあったと推察されるが、そうした場面を描いた壁画は見当たらないため、この説は推測の域を出ない。

　なおクラッパーのサイズは個々によって異なるが、小型で約15 cm、大型で約30 cmを測る。材質は象牙及び河馬の牙、もしくは木である。多くのクラッパーの端部に穴が見受けられるため、2本のクラッパーが紐の類で結びつけられていたと推定されるが、そうした痕跡については未だ確認がなされていない。

第2項　壁画・レリーフの図像

　一方、出土遺物の多さに比べ、クラッパーを演奏するシーンが描かれた壁画は少ない。アンサンブルによる演奏やダンスの場面が描かれた壁画には、手拍子を打つ人々が頻繁に描かれている（図2）。対して、クラッパーを所持する人物が描かれることは稀である。ここでは、その一部を掲載する。

　他には、祭の場面や葬送時に棺を運ぶ場面を描いた壁画に、クラッパーを演奏する人物が登場する（図3）。

　出土遺物に対して壁画資料が少ない理由は、葬儀場面を描いた例が稀なためと考えられる。おそらく、古代エジプト人にとってのクラッパーは日常的に使用するものではなく、葬祭・儀礼などで使用する道具であったと推察される。先王朝時代や初期王朝時代において王族など一部の人々の葬祭儀礼の中で使用されてきたものが、その後、時代を経て貴族など高官の葬祭儀礼でも使用されるようになったと考えられよう。

　ただし、クラッパーの演奏法については不明瞭な部分が多い。壁画資料を観察すると、2つの方法が推測される。第一に、両手に1本ずつクラッパーを所持し、打ち合わせる方法である。次に、親指と人差し指、人差し指と中指のそ

図2　ルクソール神殿壁画に描かれたオペト祭の一場面
（第18王朝ツタンカーメン王の治世）
[シリオッティ 1995：図167]

図3　軍隊における楽師
[Wilkinson 1890：112]

図4　メレルカの墓　鏡踊りの場面
（第6王朝）
[Sakkarah Expedition 1938 : Pl. 164]

れぞれ1本ずつでクラッパーを挟み、2本を対にして両手に持ち、激しく振っ
て打ち鳴らす方法もある。他には、打ち鳴らすのではなく、1本ずつを手に持っ
てダンサーが踊るとする説も存在する[8]。

　図4は第6王朝（前2300年頃）の貴族メレルカの墓に彫られた、少女たちが
鏡を手に踊る（鏡踊り）場面である。少女たちは一方の手に鏡を持ち、片手に
手を模した棒状の物体を所持している。モリスはこれがクラッパーではないか
と推察した[9]。しかし、このようにクラッパーを使用
したと仮定すると、遺物が2本で一対となって出土す
る例が多い点にやや疑問が生じる。ただし、クラッパー
の中には明らかに打ち鳴らして使用したと思われる痕
跡が残るものも存在するため[10]、古王国時代の舞踊で
はこのようにクラッパーを使用する機会があったのか
もしれない。

　こうした一連の出土品と比較すると、ツタンカーメ
ン王墓から出土したクラッパーは、非常に特異である。
手の形を模したクラッパーは数多く存在するが、腕の
部分に個人の名前が彫刻される例は稀である。図5は、
ペトリーの報告書には第18王朝の木製の杖の一部とし
て掲載されているが、形状からブーメランもしくはク

図5　ブーメランもし
　　くはクラッパー
[Petrie 1927 : Pl. Ll-318]

ラッパーとも推察される[11]。

　先端部に穴が見受けられないことからクラッパーではない可能性が高いが、第18王朝では木製品にこの様に銘文が刻まれる傾向があったのかもしれない。

　中でも、王族の名が彫刻されたクラッパーは他に例を見ない[12]。しかもこのクラッパーには、王名を記す枠であるカルトゥーシュ[13]が二重に陰刻されている。

第2節　資料

　一部の書籍には数が誤って掲載されているものもあるが、ツタンカーメン王墓からは2本のクラッパーが出土している（図6、図7）[14]。

　これらのクラッパー（カーター番号 620-13）は付属室の床上にその他の遺

図6　ツタンカーメン王墓出土
　　　のクラッパー
[Manniche 1976 : Pl. I]

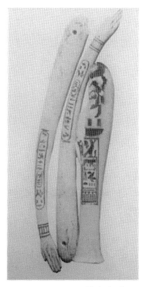

図7　誤って記載されたク
　　　ラッパー
[杉（編）1979 : 250-16]

(ḥmt-nswt wrt(Tiy) ʿnḫ.ti s3t-nswt Mrt-ʾItn)

「偉大なる王妃、ティイ、生きよ。王の娘、メリトアテン」

図8　クラッパーに刻まれた銘文

[Manniche 1976 : 3]

物（ブーメランなど）と共に置かれていた。長さは15.7 cm、幅は 7 - 15 cm、材質は象牙である。両端部には穴が 1 箇所ずつあけられているが、演奏時に紐を通して使用したためと考えられる。手首部分には水平方向に 2 本線が引かれ、垂線が引かれている。これら 2 本のクラッパーの腕には同じ銘文が刻まれている（図 8 ）。

　ここでは特に 2 点に注目したい。クラッパーの演奏方法及び用途、そしてクラッパーに描かれている象形文字の意味する内容である。

第 3 節　分析

第 1 項　演奏方法

　先行研究では、両端部にあけられた穴の用途を、演奏時に紐を通して使用するためと述べている。リーヴスは「カスタネットのように 2 つを互いに結びつけるための穴が空けられており、叩くのではなく、打ち振ること[15]によって音を出した」とする[16]。

　リーヴスはこのアンテフイケルの墓（TT60）の壁画に描かれた人物が、クラッパーを打ち鳴らして演奏しているとし（図 9 ）、ツタンカーメン王墓出土のクラッパーも同様に演奏したのではないかと推測した。

　同様に、ツタンカーメン王墓出土の楽器に関する報告書を著したマニケも、

図9　アンテフイケルの墓のレリーフ　クラッパー奏者
（第12王朝）
[Davies 1920a : Stela 2 /17]

片手で2本を握り打ち合わせて鳴らしていた、すなわち打ち振ることによって
使用されたと述べた。また、アンテフイケルのクラッパー奏者は両手にクラッ
パーを持ち、片手に2本ずつを1セットとして演奏しているように見受けられ
るとした。そのため、マニケはもう2本同様のクラッパーが存在する可能性を
指摘している[17]。

第2項　銘文の意味

　続いて、彫られているカルトゥーシュに着目したい。カルトゥーシュの中に
カルトゥーシュを持つ、いわゆる二重カルトゥーシュは珍しく、これが何を意
味するのかについて議論がなされてきた。

　最初に、カルトゥーシュ内に記された名前の人物とツタンカーメン王との関
係を考えてみよう。ツタンカーメンの父はアメンヘテプ4世（アクエンアテン）、
母は王墓（KV35）より発見された若い女性（KV35 Young Lady）とされる。
メリトアテンはツタンカーメンの正妃アンクエスエンアメンの姉で、ツタン
カーメンの義理の母と考えられるネフェルティティ（アクエンアテンの正妃）

の長女であった。よってツタンカーメンとメリトアテンは、父アクエンアテンの異母姉弟と考えられる。

　一方のティイについては、同名の人物がツタンカーメン王と同時代に１人、死後に１人存在する。

　第一の人物は、アメンヘテプ３世の正妃であるティイである。ツタンカーメンの父アメンヘテプ４世（アクエンアテン）と、母である王墓（KV35）より発見された若い女性（KV35YL）の双方の母であるティイは、ツタンカーメンとは祖母と孫の関係にあたる。

　次に、ツタンカーメンの死後に王となったアイの妻も、名前がティイであることが確認されている。「王の偉大なる妻の乳母」の称号を所持したため、ネフェルティティの乳母であると現段階では考えられている[18]。よって、ツタンカーメンとの直接の血縁関係はないと推測される[19]が、ここではそのアイの妻ティイも視野に入れて考察をしてみよう。

第４節　議論

第１項　演奏方法と楽器以外の用途

　まず上述したように、リーヴスもマニケも、片手で２本を握り打ち合わせて鳴らしていた、すなわち打ち振ることによってクラッパーは使用されたと述べた。しかし筆者は、クラッパーは打ち振って演奏するものではなく、日本の拍子木のように紐でつないだ２本のクラッパーを両手に持ち、クラッパーの裏面を叩き合わせることによって打ち鳴らして音を出す打楽器だったのではないかと考えたい。もしこの仮説が正しいとすれば、出土したクラッパーが１点（２本）で不都合はないためである。さらに、アンテフイケルの墓は第12王朝に築かれている。第12王朝と第18王朝とでは年代に数百年の開きがあり、楽器の演奏法に変化が生じた可能性もあろう。

　ツタンカーメン王墓出土のクラッパーは長さが15.7 cm、幅が７-15 cmとサ

イズが小規模であることや、材質が象牙であることなどから、実際に演奏した
かどうかについては検討の余地がある。例を挙げると、棒状の拍子木の類で小
型のクラベスでも、長さは最低でも17 cm程度、太さは2.5 cm程度ないと明朗
な音を出すことは難しい。加えて前述したように、2つのクラッパーの裏面を
叩き合わせることによって音を出すと考えた場合、打ち合わせる部分の面積が
大きくないと明朗な音を出すことは難しいと考えられる。前章で述べたように、
アマルナの王の邸宅址から亜麻布に包まれ、ミニチュア棺に入った状態で出土
した例も、おそらくクラッパーが演奏目的で用いられたのではない可能性を示
唆しているものと思われる。

第2項　誰がクラッパーを所持していたか

　続いて、クラッパーに描かれた銘文について検討を加える。
　まず、ツタンカーメン墓に埋葬されたメリトアテンの名が認められる副葬品
としては、以下の5点が挙げられる（表1）。

表1　メリトアテンの名が認められるツタンカーメン王の副葬品

カーター番号	発見場所	副葬品　種類	表記された人物名
1 k	前室　床	箱	アクエンアテン・ネフェルネフェルウアテン・メリトアテン
12 n +79+574	前室　床	箱	ネフェルネフェルウアテン・メリトアテン〈再銘文〉
46gg		装飾品	アンクケペルウラー・メリトアテン？
262	宝物庫	化粧板	メリトアテン・ネフェルティティ？メケトアテン？
620−13	付属室　床	クラッパー	メリトアテン・ティイ

　1kは、カーターによって「スメンクカーラーの木製の箱」と名付けられて
いるが、現存していない。解体された箱の蓋に文字が記された状態で、王墓の
入り口に打ち捨てられていた。アクエンアテン王と彼の共同統治者のネフェル

ネフェルウアテン、そして偉大なる王の妻メリトアテンの名前が認められる。またこの箱に伴い、墓の入り口に白く塗られたドケットも王墓に残されていた。ドケットには、ヒエラティックで箱の内容物のメモ書きがあった。それには「ケデト木の箱「弓術家を撃退する家」に属する品々。メク生地製の最高の品質の異なったショール２、メク生地製のネッカチーフ10、メク生地製のセジュ・ロインクロス20、メク生地製のロングシャツ７（?）。さまざまな種類の亜麻布製品の総計［３］９（?）」と表記されていた[20]。よってこの箱には布製品が納められていた可能性が高いものの、墓泥棒によって盗難にあったか、もしくは埋葬時には既に解体されていた可能性が高いと判断される。

12n+79+574の箱は前室で発見された。この箱の銘文では、ネフェルネフェルウアテンとメリトアテンの名前が消されており、ツタンカーメンと妃アンクエスエンアメンの名前がその上から彫られている。

46ggは「スパンコールで飾られたリネンの衣装」と記されており、ボタン型装飾品にメリトアテンの名がある。

262の化粧板は、宝物庫で発見されたアヌビスの厨子の前足の間に置かれていた。「メリトアトンの象牙のパレット」とカーターによって名付けられている。リーヴスは、メリトアテンの他にネフェルティティの名もあると指摘する[21]が、ツタンカーメン王墓の埋葬品において、ネフェルティティの名が記されているものは他に例がない。アヌビスにかけられていた布もアクエンアテン王の治世３年の記載があることから、何らかの関連性があるのかもしれない。

以上の４点が、クラッパーの他にメリトアテンの名が記された副葬品である。そこでメリトアテン名の表記に注目してみると、クラッパー以外のメリトアテンの「メリ」＝愛する　の象形文字は ▭（N47）であるのに対し、クラッパーの「メリ」の象形文字は ⟋（U6）である。クラッパーの表記のみが異なる点はどのような意味を持つのか。ここではクラッパーの制作時期が異なっていた可能性を指摘しておきたい。

一方、ツタンカーメン墓から埋葬されたティイの名を記す副葬品には以下の３点がある（表２）。

表2　ティイの名が認められるツタンカーメン王の副葬品

カーター番号	発見場所	副葬品　種類	表記された人物名
44p	前室	模型の斧	アメンヘテプ 3 世・ティイ
320d	宝物庫	毛根の入った人形棺	ティイ
588	付属室	方解石容器	アメンヘテプ 3 世・ティイ

　44pは約 9 cmの模型斧で、前室出土44の箱に手袋や布などと共に納められていた。金属の刃と把手部分に、王アメンヘテプ 3 世と王妃ティイの名前が刻まれる。

　320dの毛根は、宝物庫から出土した 4 点の人型棺（320）のうち、第 3 の人型棺に王のペンダントと共に納められていた。第 3 の人形棺から発見された毛根は編んだ状態で包帯に巻かれ、軟膏を塗って保管されていた[22]。

　588の方解石容器は、クラッパーと同じく付属室から発見された。室の端に積み上げられた多くの副葬品の中から出土したが、アメンヘテプ 3 世の名前からはアメンの名が削られている。

　このように、冥界に所持するための副葬品を納めた宝物庫にティイの毛根を入れた事実に加え、毛根と同王のペンダント[23]を人形棺に同梱していることからも、祖母ティイはツタンカーメンにとって非常に重要な人物であったと推察される。

　また、前述したように12n+79+574の箱ではネフェルネフェルウアテン・メリトアテンの名が消され、その上からツタンカーメンと妃アンクエスエンアメンの名が刻まれている。その点を鑑みると、クラッパーの表記には一点の疑問が生じる。なぜクラッパーに記されたティイ及びメリトアテンの名は消されていないのか。12n+79+574の箱に倣い、他の人物名を上から記さなかったのはなぜだろうか。

A：ティイがアメンヘテプ 3 世の正妃であった場合

　クラッパーに記されたティイがアメンヘテプ 3 世の正妃ティイを指す場合に

は、宗教的に異端の王とされたアクエンアテンを筆頭とするアマルナ一族の人物ではないため、その名前を抹消する必要性が政治的になかったと考えられる。前述したように、ツタンカーメンにとってティイは重要な人物であった可能性が高い。

　ただそれでも、なぜ二重カルトゥーシュという珍しい表記になったのか、という疑問は解決しない。従来の説である、一世代離れた祖母と孫の名が共にクラッパーに記された理由は別に考えるべきであろう。

　第一には、本来クラッパーに彫られた銘文に追記がなされ、二重カルトゥーシュという珍しい表記になった可能性があろう。その点につき、ヒエログリフの「メリ」の表記が他の副葬品と異なる事実はおそらく他の埋葬品の銘文と、クラッパーの銘文が異なる時期に刻まれた可能性を示唆している。加えて前述したように、二重カルトゥーシュで表記をする前例はない点を鑑みても、最初からティイとメリトアテン2人の名前が刻まれていた可能性は考えにくく、銘文に追記がなされ二重カルトゥーシュの表記になったと考えられる。

　リーヴスは、「なぜ孫娘と祖母の名前が、このように関連づけられているのか正確な理由は不明である。クラッパーの存在理由も明らかではない」[24]と述べた。マニケは2人の名が一緒に書かれた理由として、「クラッパーはもともとティイのもので、メリトアテンに下賜したもの」と述べ[25]、メリトアテンが自分の地位を確立し、「大王妃」の称号を持つティイの力を授かるため、ティイの名と称号を自身の名に付加したと考えた。しかしそれならば、アマルナ時代に絶大な権力を持っていた自らの母ネフェルティティの名を書くのが自然ではないだろうか。わざわざ祖母の名前を書く可能性は低かったのではないか。

❶クラッパーはメリトアテンが本来所持していた場合

　まず、本来このクラッパーはメリトアテンが所持していた品で、メリトアテンの名のみがクラッパーに記されていた、と仮定してみよう。ここでは、クラッパーの形を考慮に入れたい。アテン讃歌には「世界は汝の手により生まれたり」とある[26]。クラッパーが手の形を模しているのも、アマルナ時代のアテンから延びる手を模していたと考えることもできる。しかしツタンカーメン王墓に埋

葬する段になり、クラッパーに刻まれたメリトアテンの名の処理に困った。そのため何らかの文章を付加する必要が生じたが、母であるネフェルティティの名を記すことは、アマルナ時代の痕跡を消すことに力を注いだツタンカーメン王の時代には都合が悪かった。ただし家系的にも世代的にも必ずしも近接していないツタンカーメンの名を加えるのは不自然であるため、苦肉の策でアマルナ世代より前のティイの名を付け加えた可能性がないとは言い切れない。

　しかしこの点につき、クラッパー銘文のメリトアテンの表記部分「王の娘、メリトアテン」をもう一度見てみよう。「偉大なる王妃、ティイ、生きよ」が銘文から消えた場合、メリトアテンの銘文はクラッパーの中央部分、腕の中央部分に刻まれていたことになる。この点は他に銘文が彫られた木製品と比べても奇妙であり、その部分に故意に書くとは考えにくい。

❷クラッパーは本来ティイが所持していた場合

　次に、本来このクラッパーはティイが所持していたと仮定してみよう。この場合のティイは、アメンヘテプ3世正妃のティイを指す。「偉大なる王妃、ティイ、生きよ」という一文は、アメンヘテプ3世時代のスカラベや壁画に何度も刻まれたフレーズである。クラッパーにこのフレーズのみが刻まれていたとしたらどうだろうか。

　マニケが述べたように、ティイの名が記されたクラッパーをメリトアテンが下賜され、名を付加した可能性は低くない。しかし、ティイとメリトアテンには一世代の隔たりがあると考えられている。

　ティイはアメンヘテプ3世の第一正妃であり、「偉大なる王妃」の称号を所持していた。シタムン、イシス、ヘヌタネブ、ネベタ（ベケトアテンと同一と考えられる）、トトメス、アメンヘテプ4世（アクエンアテン）、スメンクカーラー、王墓（KV35）より発見された若い女性（KV35YL）、を夫アメンヘテプ3世との間に儲けている。「王の偉大なる王妃」以外にも「上下エジプトの女性支配者」「2つの国土の女主」「王の母」といった称号を有している。

　一方、メリトアテンは、アクエンアテン（アメンヘテプ4世）とネフェルティティの間の第一王女である。最初に「王の娘」の称号を所持した後、アクエン

アテン、スメンクカーラーの妻となったため「偉大なる王妃」の称号も得るに至った。

　よって、メリトアテンもティイも「偉大なる王妃」の称号を所持する人物である点が一致している。メリトアテンとティイは祖母と孫という関係でもあるが、同時にメリトアテンは、ティイの息子アクエンアテンとスメンクカーラー2人の妻であることから、ティイとの関係は義理の母と娘という関係にもあたる。さらに近年では、DNA調査からKV35より発見された若い女性（KV35YL）がメリトアテンであるという説も存在する。そのような点を鑑みた場合、クラッパーの表記はある程度説明のつくものとなろう。すなわち、母とその娘の名前が描かれた特別な関係が、二重カルトゥーシュとして表現されたのではないだろうか。つまりそれは「母と娘」を並べて記載したという解釈が可能である。

　ティイとメリトアテンは、おそらく同じ場所で生活を共にしていた。首都アマルナに遷都するより前テーベに首都が置かれていた際も、王宮で共に生活していたと推察される。ティイはミッタニとの外交書簡の中に名前が明記されているが、メリトアテンも外交書簡に名前が挙げられている。ティイの死後、彼女の役目をメリトアテンが引き継いでいた可能性もあろう。そうした点からも、ティイとメリトアテンの関係性や結びつきはとりわけ深かったのではないだろうか。

　以上の分析から、クラッパーの銘文は「偉大なる王妃、ティイ、生きよ」という一文に「王の娘、メリトアテン」の表記を付け加えたと考えられる。

B：ティイがアメンヘテプ3世正妃のティイではなく別人であった場合

　ティイという名を持つ女性で、「偉大なる妻」「偉大なる王妃」の称号を持つ女性は、ツタンカーメン王の次に即位した、高官アイの正妃ティイである。このクラッパーに記されたティイが、彼女であった場合はどうだろうか。

　ツタンカーメン王の死後、王の埋葬を取り仕切ったのが、玄室の壁画に描かれている「口開けの儀式」を行ったアイであることはそこに描かれた碑文から明らかであり、クラッパーが付属室の床から発見されたことも、それがツタン

カーメンの死後に用意された品であった旨を示唆するのかもしれない。アイの妻であるティイが「偉大なる王妃」の称号を持つのは、アイが王位についた際であった。よって、「偉大なる王妃」の称号を得たのはツタンカーメンの死後になる。この場合にはメリトアテンの名が先に記されており、埋葬時に「偉大なる王妃、ティイ、生きよ」を付け加えたと考えられよう。しかし前述したように、メリトアテンの表記が先に書いてあったとは考えにくい。よってクラッパーに刻まれたティイは、アメンヘテプ3世正妃のティイであると考えるのが妥当である。

第5節　小結

　本章で検討したツタンカーメン王墓出土のクラッパーは、ツタンカーメンとの関係性が認められるものの、ツタンカーメン王の名は記されていない副葬品である。

　本研究ではまず、先行研究で考えられてきた楽器の演奏方法を再検討した。結果として、ツタンカーメン王墓出土のクラッパーは、形状から実際に演奏に使用していない可能性が高く、同時代のアマルナ王宮址から出土したクラッパーのように、儀礼用の用途でクラッパーは使用されていたとの結論に至った。クラッパーと同様にツタンカーメン王墓出土のトランペットも実用品として演奏されていなかったと考えられているが、この点については後の章で改めて述べたい。

　次に、クラッパーに刻まれた銘文に対してであるが、先行研究では刻まれた人物名のみを検討対象としていた。他のツタンカーメンの埋葬品との関連及び関係についての考察は行われていない。しかし、自身は他の埋葬品に同名が刻まれたものを比較し、検討を加えた。さらに、アマルナ王族間の人物関係を考慮した検討を加えた。

　結果、二重カルトゥーシュで表記をする前例はないこととヒエログリフの違いから、最初からティイとメリトアテン2人の名前が刻まれていた可能性は考

えられず、他の時代の遺物に何度も刻まれた「偉大なる王妃、ティイ、生きよ」という一文に「王の娘、メリトアテン」の表記を付け加えた可能性が高い、との結論に至った。

さらに、クラッパーに表記されたティイという人物はこれまでアメンヘテプ3世正妃とされていたが、本研究では別人の場合も視野に入れ考察を行った。同時代の王族で「偉大なる王妃」の称号を持つティイは、アメンヘテプ3世の正妃ティイとツタンカーメン王の次王アイの正妃ティイ、2人が存在した。他の副葬品を考察した結果、ツタンカーメンにとって祖母ティイは非常に重要な人物であることが考えられたことからも、アメンヘテプ3世正妃のティイであると考えるのが妥当であるとの結論に至った。

このツタンカーメン王墓には、本来他の人物のために用意された品が同王によって再利用されていた可能性が高いことはこれまでの研究で指摘されている[27]。その点を考慮すれば、ツタンカーメンの名は見られないものの、メリトアテン、ティイの名前が描かれたクラッパーが副葬品として納められていたことは不自然ではない。本章で検討したクラッパーも、当初はツタンカーメン王以外の副葬品であったとも考えられる。

ツタンカーメン王の埋葬品には、先代のネフェルネフェルウアテン女王のために用意されていた副葬品が転用されていることも既に指摘されている[28]。さらに、ネフェルネフェルウアテン女王は、ネフェルティティもしくはメリトアテンである、という学説も存在する[29]。もしネフェルネフェルウアテン女王がメリトアテンであった場合、このクラッパーは本来ネフェルネフェルウアテン女王のための副葬品だったのではないだろうか。ここでの分析結果は、そうした人物関係の比定にも一助となる可能性があろう。

註

1 バダリ文化期の器に直角に曲がった拍子木が描かれていた [片山 1979 : 317]。

2 エジプト考古学博物館所蔵 CG 69457

3 高宮 1991.

4　Manniche 1991a : 87

　https://www.metmuseum.org/toah/works-of-art/32.5.2a,b/ より2018.11.11 アクセス確認済み。.

5　片山 1979 : 317.

6　同上

7　片山 1979 ; Morris 2017.

8　モリスは、中王国時代のクラッパーについて考察及び分析を行った。クラッパーがアビドスの葬祭殿に近い箇所から多く出土したことから、故王のために踊っていたハトホル神の演者によって使用された、と主張した。その際、両手にクラッパーを１本ずつ所持して踊るのではないか、との仮説を立てた [Morris 2017]。

9　Morris 2017 : 306-312.

10　ルーブル美術館蔵所蔵 N 1479, N 1480

　https://www.louvre.fr/en/oeuvre-notices/pair-clappers より2018.11.28 アクセス確認済み。

11　Petrie 1927 : 58.

12　出土した多くのクラッパーの中でも非常に稀な例ではあるが、王族の名前が記されたクラッパーは存在する。しかし、いずれも王の娘（王女）１人の名前が記されている。例えば、エジプト考古学博物館所蔵の新王国時代の象牙製クラッパー（CG 69247）には「第一王女、王の娘ネンセケムテフ（Nensekhemtaf）、永遠に生きよ（もしくは生命！繁栄！健康！）」と刻まれている [Erik and Betsy 2002 : 155]。また、シカゴ大学東洋研究所博物館所蔵の象牙製クラッパー（E 5518）は第２中間期のものであるが「王女サトハトホル（Sithathor）の女召使い」と刻まれている。

　Clapper https://oi-idb.uchicago.edu/id/d1904c9b-fda9-4908-a2a3-4c7d4e1de4bf より2019.4.27 アクセス確認済み。

　他に、カルトゥーシュが刻まれたクラッパーの例としては、エジプト考古学博物館所蔵の手の形を模した末期王朝時代のクラッパー（CG 69206）が存在するが、カルトゥーシュ内に名前は記されていない [ヒックマン 1986 : 103]。

13　カルトゥーシュ（cartouche）は、古代エジプトのファラオの名前を囲む曲線である。カルトゥーシュはフランス語で小銃の実包を意味し、形状が似ていることからこのように呼ばれた。

14　３点のカスタネット（拍子木）として掲載されているが、一番右の品はカスタネットではなく手鏡の柄の部分（カーター番号 054ddd）である。前室に置かれた54の箱の中に納められた状態で発見された。おそらく素材が金属である鏡の部分のみ古代の墓泥棒によって盗まれた、と推測される。盗掘後、役人によって残された柄の部分が前室に置かれた54の箱に混入されたのであろう。鏡を入れる用途で制

作された鏡入れも宝物庫から発見されており、おそらく当初はこの鏡入れに納められた状態で宝物庫に副葬された。対して、2点のクラッパーは、付属室に副葬されていたことからも、「3点のカスタネット」の表記が誤りであることが裏付けられる。

15 リーヴスの「打ち振ることによって音を出した」との表現は、片手でクラッパーを2本とも握り、カスタネットの様に演奏する、すなわち片手で2本を握り打ち合わせて鳴らしている様子を指す。続くマニケも演奏方法を同様に表現している。

16 リーヴス 1993 : 274.

17 Manniche 1976 : 3.

18 Dodson and Hilton 2004 : 155.

19 アイとアメンヘテプ3世の正妃であるティイが姉弟であると主張する学説も存在するが、現段階で明確な証拠はない。

20 リーヴス 1993 : 324.

21 リーヴス 1993 : 286.

22 リーヴス 1993 : 285.

23 カーターは、ツタンカーメン王のものではなくティイの夫であるアメンヘテプ3世であると考えた。しかし、ツタンカーメン王のものである可能性が高いと考える学者も多い。像自身には名前等刻まれていないため、同定することは難しい [リーヴス 1993 : 251]。

24 リーヴス 1993 : 274.

25 Manniche 1976 : 4.

26 杉 他 1978 : 615.

27 河合 2012 : 178-181.

28 河合 2012 : 178-181.

29 河合 2012 : 136-142.

第4章
ツタンカーメン王墓出土の
シストラム

　シストラムは、形状や材質、出土状況から演奏や使用方法などが推測されてきたが、不明な点が多い。本章では、先行研究及びその問題点を明らかにした上で、このツタンカーメン王墓出土のシストラムについて検討してみたい。

第1節　古代エジプトのシストラム

第1項　出土遺物

　シストラムの語源は、ギリシア語で「ふること[1]」を意味し、柄のついた枠に横棒を通し、振って音を出す体鳴楽器の一種をいう。数多くのシストラムがエジプト全土より発見され、多くのミュージアム等に所蔵されている[2]。古代エジプトにおけるシストラムの歴史は古く、メソポタミアから輸入した楽器とも、先史時代のアフリカの対鳴楽器から派生したものともいわれているが、未だ明確には解明されていない[3]。実在が確認される最古のシストラムは、第6王朝のテティ王（前2345-前2323年頃）の名が刻まれたナオス型シストラムである[4]。形状や装飾は時代によって異なるものの、便宜上以下の2種類に分類され、王朝時代を通じて存在した。そして後代にも、ヨーロッパやコプト教の儀式でシストラムは使用された[5]。

　ナオス型シストラム（図1）は、古代エジプトではセシェシェト sesheshet

図1　ナオス型システラム
（第26王朝）
[メトロポリタン博物館 17.190.1959 ; Creative
Commons CC0 1.0]

図2　輪型システラム
（初期グレコ・ローマン時代）
[Walters Art Museum 54.1207 ; Wikimedia
Commons]

（sššt）と呼ばれた。ほとんどがファイアンス製であり、一般的にはパピルス
柱の柄の上にナオス（祠堂）型の枠が付いた形状を呈する。枠の内側には金属
製の円盤を指した棒が数本渡され、音を鳴らす仕組みとなっているが、棒を有
しないものも存在する[6]。

　輪型システラム（図2）[7]はセケム sekhem（sḥm）と呼ばれた。金属製で、
ナオスの代わりに大きく弓形に湾曲した枠（輪）が付いた形状のシステラムを
指す。さまざまな装飾が認められるが、とりわけ柄と輪をつなぐ中央部分に音
楽の女神ハトホルの頭部を象ったものが多い。

　新王国時代（前1550-前1070年頃）で最も一般的なタイプはこの輪型シスト
ラムであった[8]。なお、システラムのサイズは個々によって異なるが、小型で
約15 cm、大型で約40 cmを測る。材質は上述したように金属、青銅及びファ

イアンス製であり、木製のシストラムが遺物として発見されることは稀である[9]。

第2項　壁画・レリーフの図像

　一方、出土遺物とは別に、シストラムを演奏するシーンを描いた壁画も多い。場面としては宗教的な場面が多く、葬儀の際にも振り鳴らされた。これは、その音が暗闇の力を脅えさせると信じられていたためである。シストラムは多くの神々と結びつき、イシスやバステト、ハトホルといった女神が描かれる壁画の他に、アメン神や、オシリス神、アヌビス神など多くの男神を称える場面にも描かれた[10]。

　末期王朝では特に女神イシスの祭祀と深い関係があったほか、王妃や王女など、高貴な身分の女性が奏していることも稀ではない。また、ファラオ自身[11]やハトホル女神の神官[12]、ハトホル女神の息子イヒ神がシストラムを手にした姿で描かれる例も稀に存在した。

第3項　アマルナ時代におけるシストラムの役割

　上述したように、ツタンカーメン王が在位した、新王国時代で最も一般的に使用されていたシストラムは輪型シストラムであった[13]。当時は、多くのシストラムにハトホル女神の装飾が施され、さらに首飾りのメナト[14]と共に描かれることもあった[15]。なお、王の在位中にアマルナ時代（前1347-前1333年頃）が介在する点には特に注目すべきであろう。

　第2章で述べたように、アマルナ時代とは、ツタンカーメン王の父であるアクエンアテン王が、これまでの多神教からアテン一神教への宗教改革を推し進め、都がテル・エル＝アマルナに置かれた時代のことを指す。その際、アマルナ改革と呼ばれる多くの社会文化変革が起き、その影響は音楽にも及んだ。アマルナ時代にもシストラムは使用されたが、それまでの新王国時代とは違い貴族墓に頻繁に描かれることはなくなり、シストラムを使用する表現は王族の特権となった。しかしながら、これはアマルナの貴族墓に限ったことであり、テー

べの貴族墓では描かれる例も見られた。ケルエフ墓（TT192）は、アメンヘテプ3世からアクエンアテン初期の貴族の墓であるが、ナオス型システラムが描かれた壁画が認められる[16]。

　アマルナ時代の壁画では、王女がシステラムを所持する様子が多々描かれている。ハトホル信仰と結びつきが深いシステラムであるが、アマルナ時代ではハトホル女神の装飾が消え[17]、その後まもなく新種の輪型システラムが登場した。

第2節　資料

　こうした一連の出土遺物と比較すると、ツタンカーメン王墓（図3）の前室に置かれていた寝台上で発見された（図4、図5）輪型システラムは特異である。金属製の輪型システラムがほぼ多数を占める中、本例については輪の部分が金属で柄の部分は木製である。そして長さも、上述した通常のシステラムのサイズに比べると異様に長い。

　1本（J.E 62009：図6右）は高さ51.6 cm、幅7.2 cm、直径4.5 cm[18]で、もう1本（J.E 62010：図6左）は高さ52 cm、幅7.2 cm、直径4.7 cm[19]とわずかに高さが異なる。

第3節　分析

第1項　システラムの形状

　上半分には銅製の輪が付けられ、コブラ形の細長い金属棒が数本、輪に開けられた孔に通される。音はそれぞれの棒に付けられた3片の正方形を呈する金属板によって作り出された。システラムの柄は木製で金箔が貼られている。輪の内部に金属板が側面に触れた痕跡がわずかに認められ、これは楽器が実際に使用されていた可能性が高いことを示している、と捉えられてきた。また柄の

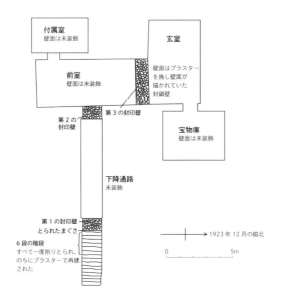

図３　ツタンカーメン王墓見取り図
[リーヴス 1993 : 125-図を一部改変]

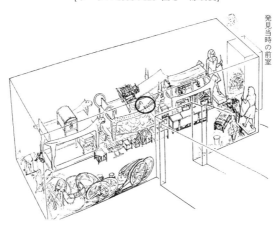

図４　ツタンカーメン王墓前室
（○印部分がシストラム）
[リーヴス 1993 : 138-図を一部改変]

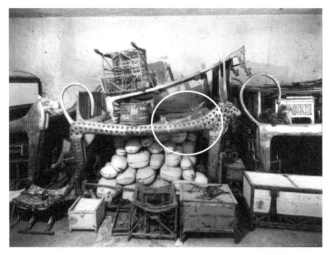

図5　ツタンカーメン王墓前室西壁の発見当時の状態
（○印部分がシストラム）
[Manniche 1976 : Pl. II-図を一部改変]

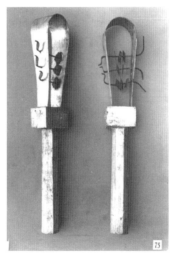

図6　ツタンカーメン墓出土のシストラム
（左：76, J.E 62010 右：75, J.E 62009）
[Manniche 1976 : Pl. III]

部分は、下端に向かってやや拡がり八角柱の形を成す。

　マニケはツタンカーメン王墓出土の楽器に関する報告書を記したが、現存の楽器としても壁画上の表現としても、このような形状の他のシストラムがエジプトで記録されたことはない、と述べる[20]。彼女はシストラムの柄が木製で、その上部に長方形の台木を取り付けただけの簡素なつくりの形状は特異、と考えた。木は金属よりも耐久性が低く、楽器の柄に使用することは珍しいためである[21]。

　ツタンカーメン王墓を発見したカーターは、調査報告書の中で 2 本のシストラムの長さがわずかに異なることを指摘したが、後にヒックマンは、2 本のシストラムが同一の長さであると述べた[22]。マニケは、長さについてはカーターが正しいとヒックマンの誤りを認め、2 本のシストラムの長さはわずかに異なるもののペアである、と意見を同じくしている。他には、2 本のシストラムの形状の類似や、1 人が同一の長さのシストラム 2 本を 1 本ずつ両手に持って同時に演奏する壁画資料も存在する[23]ことから、2 本のシストラムはペアであり、セットで使用したとみる研究者もいる。

第 2 項　シストラムの用途

　前述したようにシストラムは女性が使用する楽器とされ、ツタンカーメン王が実際に使用したものではない旨がこれまでにもふれられている。マニケは、シストラムがツタンカーメン王の生前に埋葬品として用意されたものなのか、それとも親戚の女性に属するものなのかと疑問を呈した。彼女は、男性が 1 対のシストラムを必要とする理由はなく、文字が記されていなければ、親戚の女性から葬儀の際に王に贈られたと立証することは不可能である、と述べる[24]。そして物的証拠が乏しいことに加え、シストラムに使用された形跡があったことから、葬儀目的に制作されたとは考えにくい、とも記した。

　またリーヴスは、「寝台は、雌牛の女神を象った寝台[25]である。胴体部分は青色ガラスで三弁模様に象嵌され、しっぽの部分には赤色の顔料が塗られていた。アイラインと眼球は同様に青色ガラスで象眼され、目の光彩部分は石膏と赤色

のカルンクラで塗られていた。寝台の雌牛は女神、メヘト・ウルト（大いなる洪水）の姿であり、ツタンカーメンの石棺を覆っていた第一の厨子の内側に記された「聖なる雌牛の書」の章句によって、メヘト・ウルト女神の寝台が王をこの世から天国へ運ぶ太陽の船であったことを暗示している」[26]との見解を述べた。しかし、特にシストラムとシストラムが置かれた箇所との関連性については言及せず、封鎖壁の目前にあった寝台上にシストラムが置かれていたことから、「おそらく紀元前1323年の墓を閉鎖した際に行われた儀式に使用されたものであろう」と仮説を示した。つまり、リーヴスは墓まで王の遺体を運ぶ際に使用したものではなく、墓を閉じる最後の儀式の際に使用された道具が寝台上に放棄された、とした[27]。

　上述したように、一般にシストラムは女性が所持する楽器であり、ツタンカーメン王が使用したとは考えにくい。またマニケも、ハトホル女神の装飾が施されていないことからアマルナ時代に制作された可能性が高いとする。そこで次に、本楽器の使用目的と所有者について検討すべく、シストラムが図像などで認められる他の副葬品を見てみたい。

第4節　議論

第1項　ツタンカーメン王墓の副葬品におけるシストラム

　ツタンカーメン王墓の副葬品で、シストラムが認められるものは他に3点挙げられる。まずは同じく前室から発見された小型の黄金の厨子[28]（図7）である。

　厨子の扉表面と裏面、側面と背面には、浮き彫りと打ち出し模様で描かれた計18の場面がある。シストラムが描かれた箇所は、アンクエスエンアメンが夫であるツタンカーメン王に幅広の襟飾りを捧げ、シストラムを振る光景である。前章で述べたように、度々シストラムは首飾りメナトと同時に描かれているが、これもそうした表現の一種であろう。厨子に描かれたツタンカーメン王名からも、この厨子はアマルナ時代ではなく、ツタンカーメン王の治世3年目以降に

図7　金箔が施された小厨子の一場面
（シストラムをツタンカーメン王に振るアンクエスエンアメン、トレース）

制作されたと推測される。同王治世3年目以降は、父アクエンアテン王の目指したアテン一神教から本来の多神教への回帰を志した時代である[29]。そのため、アンクエスエンアメンが所持するナオス型シストラムの中央に、古来のハトホル女神が付随している点にも説明がつく。

　もう2点は、宝物庫より発見されたシストラムを所持する2体のイヒ神像[30]である（図8）。文献によっては「イヒ神の姿のツタンカーメン」と記されることもある[31]。イヒ神はハトホル女神の息子で、子供がシストラムを演奏する姿に象徴される神であり、口に指を咥えた裸の姿、もしくは髪を横に垂らした子供として描かれた。同神は古王国時代（前2686‐前2184年頃）から見られ、新王国時代には既に知られていた神である[32]。しかし、カーターはこの2体の像をイヒ神ではなく「若きホルス神としての王の立像」と記している。はたしてどちらが正しいのであろうか。

　この2体の像は、宝物庫にあった封印された厨子[33]に納められ、他にも4体の像が同梱されていた。上エジプト王冠と下エジプト王冠をそれぞれ被った2

図8　イヒ神像
[ノブルクール 2001：口絵VI]

体のツタンカーメン王の像[34]、船上で銛を討つ上と下それぞれのエジプト王冠を被ったツタンカーメン王の像2体[35]の計4体である。これらの像はすべて金箔が貼られ亜麻布のショールで覆われていたが、それに対しイヒ神像は黒く塗られていた。

　イヒ神像以外の4体の像の顔は他のツタンカーメン王の像と異なっており、目鼻立ちがはっきりとした細面である。体つきに関しては、胸部と臀部にいくらか膨らみが見て取れる。これらはアマルナ時代の美術的特徴を示しているため、本来父アクエンアテン王もしくは前王スメンクカーラー王のために作られたものではないかと推測されている[36]。加えて、イヒ神像以外は亜麻布がかけられていたことから、両者がある種区別されていた様子が見て取れる。4体は王であるため亜麻布を被せられたが、王を導くイヒ神像には亜麻布が被せられていなかったと捉えることもできよう。

　この像をイヒ神像でなく若き日のツタンカーメン像であったと考えた場合、ツタンカーメン王の他の副葬品において、同様に肌が黒く表現される像が見受

けられる点は興味深い[37]。この像に亜麻布が見られない理由としては、像自体が他の 4 体に比べて重要ではなかった、もしくは黒く塗ること自体に意味があったためかもしれない。また像の大きさを見ると、エジプト冠を被った 2 体のツタンカーメン王の像はそれぞれ68.5 cm、69 cmであり、船上で銛を打つツタンカーメン王像 2 体は両者とも75 cmである。それらに対してイヒ神像は60.5 cmであり、他の 4 体よりも小ぶりで、サイズにもやや差がある。なお、イヒ神像と考えた場合には、像は他の 4 体の像と制作時期が異なり、ツタンカーメン王の治世に制作されたと考えられる。アマルナ時代にハトホル女神の息子であるイヒ神像を制作したとは考え難いためである。その場合、イヒ神像が所持するシストラムの中央にハトホル女神の装飾が施されている点にも合点がいく。なお、4 体の像の手前、2 体のイヒ神像が入れられていたことは、先述した冥界へ赴く際にシストラムの音が何らかの役割を果たしていたためとも考えられるが、これについては推測の域にとどまる[38]。

　以上、ツタンカーメン王墓出土のシストラム以外の埋葬品で、シストラムが認められる 3 点は表 1 のようにまとめることができる。

表 1　シストラムが認められるツタンカーメン王墓の副葬品

カーター番号	発見場所	副葬品　種類	シストラムの種類
108	前室	黄金の厨子	ナオス型システム
275a	宝物庫	イヒ神像	ナオス型システム
289c	宝物庫	イヒ神像	ナオス型システム

　これまでの考察から、厨子に描かれたシストラムとイヒ神が所持するシストラムはツタンカーメン王の在位中、つまりアマルナ時代の一神教から多神教への回帰を進めた治世 3 年目以降に制作されたものと推察される。その点につき、前室から発見されたシストラムはそれらとは異なる輪型シストラムであり、この 2 本のシストラムと形状が異なるのは制作時期の違いを意味している可能性を挙げることができよう。つまり前室出土のシストラムはツタンカーメン王の

在位3年目、もしくはそれ以前のアマルナ時代に制作されたものであったとみることはできないだろうか。

　前述したように、これら2本の輪型システラムは前室の入り口部分に近い寝台の上から発見された。リーヴスは、墓を封印する際、最後の儀式で使用した後に置いたとしたが、次にその出土位置について考察してみたい。

第2項　2本のシストラムの周囲の副葬品

　カーターたちが最初に前室へ入った際、この寝台が目前にあったことから、墓を閉じる際に使用していたものを放置した、と考えたのはごく自然な解釈だったと考えられる。しかし、もしこれら2本のシストラムが単なる放置ではなく意図的に置かれたとすればそこにはどのような意味があったのだろうか。第一に想起されるのは、雌牛の寝台をカーターが「the Hathor couch」と名付けた点である。シストラムはハトホル信仰の象徴の楽器であり、雌牛の姿で表現されるハトホル女神を意識してこの雌牛の寝台の上に置いた可能性があろう。前室には儀式に使用する副葬品が置かれたため、同様にこのシストラムも何らかの儀式に使用されたのかもしれない。表2は、雌牛の寝台上に置かれた副葬品の一覧である。図9は、寝台上に置かれた副葬品の位置関係模式図であ

表2　雌牛の寝台（73）の上に置かれた副葬品

カーター番号	副葬品　種類	表記された人物名
82	椅子	
81	スツール	
80	寝台	
78	木製スツール	
12n+79+574	箱	ツタンカーメン・アンクエスエンアメン（元はネフェルネフェルウアテン・メリトアテン）
77ab	弓	ツタンカーメン
75.76	システラム	
74	ウラエウス	

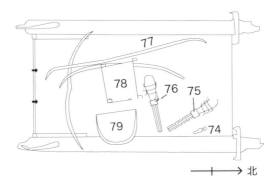

図 9　雌牛の寝台（73）の上に置かれた副葬品の位置関係模式図
[筆者作成]

る。以下、順に見ていく。

（1）80の寝台、82の椅子、81のスツール、及び77abの弓について

　まず82の椅子は潰れた状態、81のスツールも上下逆の状態で80の寝台上に置かれていた。これについては、カーター及びリーヴスも「明らかに元の位置にない」としている[39]。2脚の椅子とスツールは不安定な状態で置かれていることから、3点の副葬品はおそらく本来寝台の上になかったと推測される。また、77abの弓は金箔が施され、弦を張った痕がないことからも実用ではなくレガリアとして制作された可能性が高い。この前室からは計16本の弓が見つかっているが[40]、多くは雌牛の寝台の右隣にある寝台[41]上に置かれていた。そこには同じく金で覆われた儀式用の弓[42]もあり、77abの弓も本来それと共に置かれたものかもしれない。しかし、北向きに置かれた2本の弓と逆の南向きに置かれた1本の弓の置き方を見ると、意図的に置いたとは考えにくい。

（2）78の木製スツールについて

　78の木製スツールは白く塗られ、動物の脚を持ち、椅子の中央部にはクッションを置くための凹みがある。高さは0.34 mで、「セマタウイ sm3-t3wy[43]」の装

飾を有す。また付属室からは、装飾及び形状が酷似した高さ0.45mのスツール[44]が出土している。2点のスツールが同形状であることはリーヴスも指摘しており「いくぶん類似しているが高さがわずかに違う、同じ種類（のスツール）に分類される」[45]と述べる。付属室出土のスツールは、北西の角に積み重ねられた家具の寝台上で、かろうじてバランスを保った状態で発見された。カーターは、明らかに前室から投げ入れられた状態で、墓泥棒の扱いによってスツールが損傷した、とみた。

　ツタンカーメン王の副葬品のうち、白く塗られ、動物の脚を有し「セマタウイ」の装飾が施されたスツール類は他にもう1点認められる。付属室から、スツールに背もたれが付随した椅子[46]が1点出土している。高さは0.73m、椅子部分が0.31×0.34mと小型のため、カーターとリーヴスはツタンカーメン王が幼少時に使用していた椅子とした。しかし、椅子の背部分に描かれた銘文の王名は「ツタンカーメン」であった。椅子を王が幼少時に使用していたと仮定した場合[47]、椅子の制作時はアマルナ時代と考えられるため、「アテン」表記になるのが自然であり、銘文はツタンカーメン王の治世後半に付け加えたか変更された可能性がある。また、この椅子は脚が折れた状態で、付属室南東角のさまざまな家具の上に逆さになった状態で発見された。一方折れた脚[48]は、前室南東角にあるチャリオットが置かれた床から出土している。よってカーターは「この椅子は本来前室に置いてあり、墓泥棒によって壊され付属室に投げ入れられた」と述べた。椅子の背もたれの部分を除いたスツール部分は高さが0.36mであるため、前述した2つのスツールとほぼ同サイズと考えられる。そのため、付属室から発見されたスツールと王の幼少時に使用した椅子は、共に本来は前室に置かれたもので、墓泥棒によって2点とも付属室に投げ入れられた、とも考えられよう。その場合、同種の副葬品がまとめて置かれる傾向の強い一連の出土状況から見て、ほぼサイズも装飾も酷似する78の木製スツールも前室の同位置に置かれていた可能性がある。つまり82、81の椅子類が「明らかに元の位置にない」のと同様に、78の木製スツールも「元の位置にない」と推定される。ちなみにこの場所に置いた理由としては、80の寝台に関係する可能性があろう。

80の寝台も78のスツールと同様に白く塗られ、脚部分が動物の足で装飾される点は示唆的である。

（3）12n+79+574の箱について

　78の手前に置かれた12n+79+574の箱の銘文では、ネフェルネフェルウアテン[49]とメリトアテン[50]の名前が消され、ツタンカーメンと妃アンクエスエンアメンの名前がその上から彫られている。発見当時、箱の蓋は付属室の隅に埋もれた状態であった。箱の蓋に描かれた内容物リストには、"葬列におけるネブケペルウラー王の……"と象形文字で記されている。

　箱には、腕つり用包帯や他のさまざまな包帯、そして指サックなどが詰められていたが、カーターは「現時点で、これらの包帯がこの箱に入れられていたか疑わしい」と述べた。これは、同じく前室にあった彩色箱[51]にも多くの包帯が入っていたことによる。加えてリーヴスも、収納のために折りたたまれているはずだが、そのような様子は見受けられず、墓泥棒が荒らし散乱した織物を手当たり次第に箱の中に押し込んだ可能性があると指摘している。

　さらに入り口通路からは、金箔を施したブロンズ製の留め釘が出土している。これはこの箱からねじり取られたものであることが判明している[52]。よってこの箱は、リーヴスの予想通り墓泥棒によって盗掘の際に動かされたものと考えられよう。蓋が付属室にあったのも、前述したスツールや椅子の様に墓泥棒が付属室に投げ入れたとも予想できる。それでは、本来この箱には何が納められていたのだろうか。

　リーヴスは12n+79+574の箱は、おそらく（箱が作成された）初期にはパピルスの巻物を納めており、半円形の旅行用箱として使用したと推測している[53]。さらにこの箱につき「箱の横に金メッキされた銅で作られた、脇のつぼ金具をもっている」[54]とも表現し、箱の金具は旅行の際に荷役獣の背や奴隷の肩に紐で縛る際に用いられた、と考えた。

　王が生前この箱をどう使用したかは不明だが、蓋に描かれた内容物リストの記述から見れば、埋葬時には葬送用の品が納められた可能性が高いと考えられ、

側面に付けられた金属製の輪が葬送時に儀式で使用する道具を持ち運び可能にしたとも考えられる。ちなみに、その点からは本来システラムが入っていたのではないかとも推測できるが、箱の幅37 cm[55]に対してシステラムは長さ51 cmのため、収納することは不可能である。

　また副葬品の配置を見ると、78の木製スツールは12n+79+574の箱より後方に置かれている。これはつまり、スツールを奥に置いた後に箱を手前に置いたことを示す。箱が寝台の縁にかかって発見されている様からも、意図的にそれを置いたとは考えにくい。加えて、木製スツールは77abの弓上に被せた形で置かれており、これらの状況は木製のスツールと箱2点の副葬品が後に置かれたことを示すと考えられる。

　なお、システラムの脇に箱を置いたのには何か意味があるのだろうか。箱にはネフェルネフェルウアテン、メリトアテンの名前が記されていたため、このシステラムが2人の女性王族の所有品であったとの見解が成り立つかもしれない。あるいは、ツタンカーメン王が死亡した際に残された妃アンクエスエンアメンが使用していたシステラムを置いた、との推察も可能だが、その場合には、前述したように厨子に描かれたアンクエスエンアメンの所持するシステラムがナオス型システラムである点から矛盾が生じる。そこで箱が本来葬儀に関する品を納めていた場合、その近くにシステラムを置いたことには何らかの意図があった可能性もある。

（4）74のウラエウスについて

　続いて、76のシステラムは西向きに、75のシステラムは北向きに置かれた状態で発見された。また75のシステラムに並行して、金箔が施された木製の74のウラエウスが置かれていた。このウラエウスには頭上に太陽円盤の装飾が施されており、『門の書』に記されるアポフィス神の役割を示した可能性がある、と指摘されている[56]。アポフィス神は蛇の形を呈し、冥界が12時間に区切られた『門の書』では、それぞれの時間における「扉」の前に立ち、「扉」を守護したと考えられる[57]。

　さらにこのウラエウスについてカーターは、「ウラエウスの下部には家具の一部として固定された留め釘があり、床材が刺さった状態」と述べた。つまり、本来ウラエウスは何らかの家具の装飾の一部であったと考えられる。ツタンカーメン王墓から同様の状態で発見されたウラエウスとしては、左隣の寝台[58]上から発見されたウラエウス[59]が認められる。カーターによると、このウラエウスは本来椅子の装飾物であった。本王墓から出土した同様の、木製で象嵌を施され頭上に太陽円盤を抱くウラエウスとしては、黄金の玉座[60]を装飾する部材が挙げられる。このように、74のウラエウスも椅子の装飾などに関わる部材の1つであった可能性が高い。

（5）75、76のシストラムについて─シストラムが置かれた本来の位置

　以上の考察から、シストラムを除く雌牛の寝台に置かれた副葬品はすべて、本来は寝台上に置かれていなかった可能性が高い。よって、シストラムについては以下の3つの可能性を想定できよう。

①埋葬時に1本のシストラムが寝台上に置かれていた。もう1本はもともと違う場所に位置していたが、墓泥棒が墓を荒らした後、再び墓を封印した際に同じく寝台上に置かれた。
②2本のシストラムは異なる場所にあったが、再び墓を封印した際に他の副葬品と同じく片付けられ、寝台上に置かれた。
③埋葬時、2本のシストラムは寝台上に置かれていた。

　まず、①のシストラム1本のみが寝台上に置いてあったとするのは、他の副葬品が何も置かれていなかったであろうことを考えると、想像しにくい。ただ、もしそうであったとすれば、シストラムを置いたのには何らかの意味があった可能性があろう。
　ついで、②の2本のシストラムが元は別の場所に位置していた場合には、左隣の寝台上にも空間があること、またその上にある箱や雌牛の寝台前の箱にも、

床に散乱した副葬品や他の場所にあった副葬品が納められていることなど[61]から、深い意味があったかどうかは別として、意図的に雌牛の寝台に置いたものと考えられる。ただし、「異なる場所」としてはもともと前室以外にあったシストラムを前室にわざわざ持ち込むとは考えにくく、前室内にあったものを寝台上に置いた（例えば散乱していたものを片付けた）可能性が高いと言えよう。

　そして③の、２本のシストラムが最初から置かれていた点に関しては、図9に示した出土状況を見ると、互いに異なる方向を向いていることから、もし置いた人間が最初の１本と次の１本では別人であった場合、そのような位置になる可能性もあろう。

（6）シストラムと他の寝台上に置かれた副葬品との関連性

　雌牛を象った寝台の右隣にある寝台はライオンの頭部を有するが[62]、ライオンの神アケルは、太陽が毎日出入りする冥界の門を守る役割を持っていたことはよく知られている。太陽は毎日夕に沈み、朝に昇るためライオンもまた死と再生に結びつけられた。ミイラ作りに用いられるテーブルや、葬祭用の寝椅子や棺台にライオンの姿が表されているのはそのためである[63]。このライオンの頭を象った寝台上からは、儀式用松明[64]や水差し[65]などの副葬品が発見されている。これは、再生復活の意味を持つライオンと、再生復活の儀式に使用される副葬品を関連づけて置いた可能性を示唆していると言えよう。またその左隣の寝台はアメミト神の姿を象っている。アメミト神は死者の書に描かれ、冥界に住む生き物で再生復活の儀式に関わる神である。そしてこのアメミト神を象った寝台上に置かれた箱[66]には、枕[67]が納められていた。リーヴスは、この枕について「おそらく儀式用の寝台に関連するものであろう」と述べる[68]。枕は、古来より副葬品として再生復活のための役割を持つが[69]、再生復活の儀式と関わるアメミト神との関連を意識して箱に納められたものと推測される。

（7）シストラムの形状と雌牛の寝台との関連性

　その点を踏まえ、雌牛を象った寝台上に雌牛に関連した副葬品が置かれた可

能性を考えてみよう。先行研究では、シストラムの形状が生命及び再生の意味
を示すアンクに似ることが度々指摘されているが、ここではシストラムの柄の
形状に着目したい。この柄は、八角形という通常のシストラムとは異なる形状
を呈している。このツタンカーメン王墓が位置するテーベ西岸で言えば、八角
形は第11王朝メンチュヘテプ2世（前2055-前2004年頃）の葬祭殿のテラス部
分に使用された柱の形状と同一であり[70]、隣接する第18王朝ハトシェプスト女
王（前1473-前1458年頃）葬祭殿の3階テラス部分にも認められる[71]。また、メ
ンチュヘテプ葬祭殿とハトシェプスト女王葬祭殿は共にデル・エル＝バハリに
建設されたが、この地は伝統的にハトホル女神と密接に関連した場所として知
られている[72]。そうした点を鑑みた場合、シストラムの柄が八角形である点は、
共にハトホル女神との強い関連を示唆し、これがシストラムを置いた寝台の雌
牛と結びついていたと考えるのはやや強引過ぎるだろうか。

　また、このシストラムには輪にコブラの形をした細長い金属の棒が通されて
いた。古代エジプトでは、コブラは再生復活をつかさどる[73]とともに王権を示し、
王族の使用を示唆している[74]。

　第1節で述べたように、アマルナ時代にシストラムの使用は王族の特権と
なったが、壁画には輪にコブラの形をした金属棒を通し、ハトホル女神が装飾
されていないシストラムを王女が所持する様子が描かれている（図10、図11）。

図10　2人のアマルナ王女を描いたアマルナ時代のレリーフ断片
[Brooklyn Museum 35.2000 ; Creative Commons CC0 1.0]

図11　王とアマルナ王女を描いたアマルナ時代のレリーフ断片
[Brooklyn Museum 60.197.6 : Creative Commons CC0 1.0]

その際、王女は１本のシストラムを所持して描かれるが、その輪型システラム
もツタンカーメン王墓出土のシストラムと酷似する点は注目に値しよう。

第３項　シストラムの使用方法―２本はペアの楽器だったのか

　最後に、先行研究で提示された２本のシストラムがペアであるという見解に
対し、ペアではなく１本ずつ使用されていた可能性を指摘しておきたい。壁画
上で誇張された可能性も完全には否定できないが、描かれたシストラムの大き
さは王女の顔と同程度に表現され、かなり大型のシストラムと捉えられる。

　図10、図11の場合、シストラムの柄を握る手は王女の顔の下に描かれている
が、シストラムの輪の部分は顔面にまで達する。シストラム柄部分は王女の口、
輪の部分は王女の顔を覆う形で描かれている。このようにシストラムのサイズ
が、王女の顔を覆うサイズと考えた場合、輪の部分には25-30 cmほどが必要
と推測され、この場合には、ツタンカーメン王墓出土のシストラムのサイズ
（51.5-52 cm）に近い。

　また注目すべきは、第１項で述べた厨子に描かれたアンクエスエンアメンも
イヒ神像も所持するシストラムは１本である。これはヒックマンやマニケ、リー
ヴスが主張する、２つのシストラムがペアであるとの見解に反する。ただしツ
タンカーメン王墓出土のシストラムは輪型シストラムであり、形状が異なるこ
とは確かである。

　さらに言えば、もしこの仮定が正しいとすれば、75のシストラムを（ウラエウスと同じく）北向きに置いたのにも別の意図があったのかもしれない。その延長線上には玄室に続く封印壁があり、この壁にはハトホル女神がツタンカーメン王にアンクを捧げる姿が描かれている。

　この点は、アクエンアテン王の父であるアメンヘテプ3世のセド祭碑文の一節を思い起こさせる。そこには、（列席した王女たちによる合唱）「汝カーのために。汝の美しき顔にシストラムを、またメニト飾りと錫杖とを。」[75]と記される。

　これは王位の更新に関わるセド祭の様子を示した一文ではあるものの、王族が参加する儀式に王女たちがシストラムを手にしていたことを示している。メニト飾りに似た首飾り[76]と錫杖[77]も、同じくツタンカーメン王の副葬品に認められる点は示唆的である。また前述したように、アマルナ時代においてシストラムの所持は王族の特権でもあった。王が王権を象徴する竿を手にするように、王女たちもコブラの形を模したシストラムを手にしていた、と考えるのは想像が過ぎるであろうか。

　その点、輪に残る痕跡は確かにシストラムが使用された証拠ではあるが、振って演奏するだけではなく、シストラムを手に歩くだけでも金属板は輪にぶつかり、音を立てていたとも考えられよう。

　王女たちが王族女性の象徴とも言えるシストラムを用いたと仮定した場合には、ツタンカーメン王墓出土のシストラムが他の遺物のシストラムより長さやサイズが一回り大きい点は示唆的である。ツタンカーメン王墓出土のアバ笏は54cmあり、大小33.5-43cmの殻竿と王笏[78]が発見されている。

　ここに述べたような意味でシストラムを使用していたと考えた場合、50cmほどのサイズがあるのは妥当である。無論、実用というよりも象徴（レガリア）としての非実用品であった可能性も否定はできない。アマルナの王女たちが儀式の際に所持し、使用していたシストラムを雌牛の寝台に意図的に置いた可能性を指摘しておきたい。

第5節　小結

　本章では、先行研究では扱われてこなかった、ツタンカーメン王墓出土のシストラムを他の副葬品と関連づけ、さまざまな角度から考察した。

　その結果、第一にこれら2本のシストラムはツタンカーメン王の副葬品として本来用意されていたものではなく、アマルナ時代に制作され、ツタンカーメン王以外の人物、おそらくはアマルナ時代の王女たちが使用した品であったと考えられる。ツタンカーメン王の副葬品には、先代のネフェルネフェルウアテン女王及びメリトアテンのために用意された副葬品が転用されたことは既に指摘されている[79]。シストラムの脇に置かれた箱の銘文が示すように、このシストラムが本来ネフェルネフェルウアテン女王や、メリトアテンの副葬品であった可能性もあろう。

　第二に、雌牛の寝台の上に置かれた理由は、他の寝台とそこに置かれた品々に関係があるように、ハトホル女神との関連づけを意識して置いた可能性があるとの結論に至った。シストラムの脇に置かれた各種の遺物も、本来そこにはなかった可能性が高いもののシストラムとの関連づけを意識して置かれたものと推測される。シストラム全体の形状がアンクの形を暗示することは度々指摘されてきたが、アンクは生命、再生の意味を持つことに加え、シストラムの一部を成すコブラ形の横棒や、シストラムの脇に置かれたウラエウスも再生の意味を示しており、そのウラエウスが『門の書』に記されている「時」の「扉」を守る役割を果たす点もまた示唆的である。さらに言えば、シストラムの「音」が扉を開けるために必要だったとの見方も今後の研究の進展いかんでは明らかになるかもしれない。

　第三に、先行研究で考えられてきた2本のシストラムはペアであるという考えに対し、形状や出土状況等を総合的に考察した結果、図10、図11のように2本のシストラムはおそらく別々の人物が1本ずつ使用した可能性もあり、その際には実用品として葬儀などの儀式で実際に演奏された、あるいは当時の王女

たちが儀式でレガリアとして用いた非実用品のシストラムが副葬されたのではないかとの結論を得た。

註

1 σείστρον

2 エジプト考古学博物館、大英博物館、ルーブル美術館、そしてマドリッド国立考古学博物館の主要な古代エジプトの遺物を所蔵する博物館が、楽器のみを掲載した目録を発刊している [Hickmann 1949a；Anderson 1976；Ziegler 1979；Emerit et al 2017；Barahona 2002]。

　その中で、ルーブル美術館カタログの中では、2種類のシストラムが存在すること、ハトホル女神を始めさまざまな神の儀式で使用されること、王や神殿の女性歌手などが使用したことが所蔵楽器とともに紹介されている [Elwart 2017]。しかし、それ以上の研究は管見に及ぶ限り存在しない。宗教音楽においてシストラムを使用する点はこれまでにも指摘されてきたものの、出土遺物が膨大であることや調査が進まなかったことから、詳細な研究は進んでいないのが現状である。

3 Hickmann 1965：734.

4 シストラムは、パピルス形の柄にナオスが付いた形状で、その上部に隼とコブラが載り、「フゥト・ホル」を表す [Davies 1920b]。

5 ヒックマン 1986：168.

6 棒をさす孔もあけられていない場合、音を鳴らすことは意図していない。

7 英語では、Hoop styleと呼ばれる。[ショー 1997：222] のシストラムの分類に基づき、本書では輪型シストラムの表記で統一する。

8 Manniche 1976：5.

9 1984年に発見された木製のシストラムの柄の部分（現在は個人のコレクションとなっている）の報告書にも木製システムは貴重である点が述べられている [de Vartavan 1986]。

10 片山 1979：322.

11 デンデラのハトホル神殿には、プトレマイオス朝の王がシストラムを持つ姿で描かれている。またイヒ神がシストラムを所持する姿も描かれている [Elwart 2017：65-Fig. 2]。

12 中王国時代のケスウェルの墓で、彼がシストラムを持ち演奏を指導する姿が描かれている [Maspero 1915：59-Fig. 5]。

13 Manniche 1976：5；Elwart 2017：64.

[14] メナトとは、ファイアンス製のビーズを連ねた部分と鎖と鍵穴の形をした金属製の部分でできている首飾りである。鍵穴の形をした部分を手でつかみ、ビーズの部分が垂れ下がるように持つ様に描かれる。システラムとメナトの2つの道具は揃って「偉大な魔術道具（ウレト・ヘカウ）」と呼ばれる [マレク 2004 : 99]。

[15] ヒックマン 1986 : 46.

[16] The Epigraphic Survey 1980 : pls. 8, 9.

[17] 首都がテーベにあったアマルナ時代初期、ネフェルティティが、ハトホル神が付随していると思われるナオス型システラムを手にしている例も存在する [Manniche 2008]。

[18] ハワス 2012 : 99.

[19] Manniche 1976 : 5. カーターとヒックマンの測定の値はわずかに異なる。註22を参照。

[20] Manniche 1976 : 5.

[21] ツタンカーメン王祖母の両親イウヤとチュウヤの墓（KV46）から、柄が木製の輪型システラムが発見された。木の部分は金箔が貼られており、ハトホルの頭部を持つ一般的な輪型システラムである [Manniche 1976 : 6]。当時のエジプトに木製のシステラムが存在した可能性は、他の木製品の出土状況を鑑みた場合否定できない。

[22] カーターは、2本のシステラムがわずかに異なるサイズであることを指摘し、ヒックマンは同一であるとみなした。測定値の結果、カーターが正しく、ヒックマンは1本のシステラムを主に測定したことが結果に反映したと思われる。

[23] Elwart 2017 : 65-Fig. 2 ; 122-Fig. 158 ; 183-Fig. 107.

[24] Manniche 1976 : 5.

[25] カーター番号 Obj. no. 73.

[26] リーヴス 1993 : 248.

[27] リーヴスは葬送用の道具として副葬されたのではなく、王の埋葬儀礼の際に使用された道具が、墓が封鎖された時にハトホル女神の寝台の上に放棄されたと考えた。ここでの葬送とは墓まで王の遺体を運ぶ際の過程を指し、埋葬儀礼とは、墓を閉じる際の儀式を指すと思われる [リーヴス 1993 : 278]。

[28] カーター番号 Obj. no. 108, JE 61481

[29] アクエンアテン王が行った宗教改革は、アメン神に対する信仰禁止は強いものであったが、他神に対しては比較的緩やかであったと考えられる。例えば、太陽神と関係があるとされたシュウ神に対する信仰などは禁止されていない [Helck et al 1984]。

ツタンカーメン王は復興事業として、アクエンアテン王時代に削り取られたアメン神の銘文や破壊されたアメン神の神殿や神像を修復している [河合 2017 : 49-51]。

30 カーター番号 Obj. no. 275a, 289c
　イヒ神像と考えた場合に、像の黒色は復活を暗示したと考えられる [Radwan 2003 : 342-345]。

31 ノブルクール 2001 : 108.

32 Mallaby and Battiscomb 1926 : 114, Tf. 52.

33 カーター番号 Obj. no. 275

34 上エジプト王冠を被ったツタンカーメン王の像カーター番号 Obj. no. 275d
　下エジプト王冠を被ったツタンカーメン王の像カーター番号 Obj. no. 275b

35 船上で銛を討つ上エジプト王冠を被ったツタンカーメン王の像 カーター番号 Obj. no. 275e
　船上で銛を討つ下エジプト王冠を被ったツタンカーメン王の像 カーター番号 Obj. no. 275c

36 また、王としてエジプトを統治していたネフェルティティを表しているという説もある [ハワス 2012 : 103]。

37 ツタンカーメン王のミイラは他の王のミイラに比べて色が黒い。また 2 体の番人の像（カーター番号 Obj. no. 22, 29）も肌が黒く表現されている。黒には豊穣と再生の意味がある [ハワス 2012 : 28]。

38 システラムの音ではないものの、後の時代に冥界の神オシリスに向かってトランペットを吹く様子が描かれた棺が存在する。これは、冥界において「音」が何らかの役割を示していることを窺わせる [Grajetzki 2003 : 7-16]。

39 第 2 章第 2 節第 2 項を参照のこと。ツタンカーメン王墓は埋葬後、2 度にわたって墓泥棒によって荒らされている。そのため副葬品の中には原位置から動かされたものも多い。またカーターが王墓発見時に、副葬品の位置を意図的に動かしたことも指摘されている。玄室入り口部分にはそのような痕跡が見受けられる。ただし、雌牛の寝台下に置かれていた箱や容器などの配置に動かされたような形跡は見られないことから、システラムについてはその影響はほぼなかったと推定される。

40 さらに、入り口通路で墓泥棒が持ち去ったと考えられる前室にあったであろう壊れた弓が発見されている [リーヴス 1993 : 295]。

41 カーター番号 Obj. no. 47

42 この弓は「名誉の弓」（カーター番号 Obj. no. 48h）とカーターに称され、ほとんど想像できない華麗な作品と記された [リーヴス 1993 : 295]。この弓の王名は「ア

ンク・ケペルウ・ラー」から変更されている痕跡がある。

43 「セマタウイ」とは上下エジプト統一を象徴する意匠である。上エジプトと下エジプトを象徴する百合とパピルスが結びつけられた模様を指す。

44 カーター番号 Obj. no. 467

45 リーヴス 1993 : 318.

46 カーター番号 Obj. no. 349

47 第2章第1節第2項を参照のこと。ツタンカーメン（トゥトアンクアメン）王がトゥトアンクアテン名より改名を行ったのはおそらく治世3年頃であると考えられるため、9歳前後で即位すると12歳頃に改名を行ったと推定される [河合 2017 : 49]。

48 カーター番号 Obj. no. 149

49 第2章第1節第2項を参照のこと。ネフェルネフェルウアテンは、アクエンアテン王の共同統治者であり、ツタンカーメン王の前に即位した女王である。ネフェルネフェルウアテン女王が、ネフェルティティもしくはメリトアテンと同一である、という学説も存在するが現段階では必ずしも支持されていない [河合 2017 : 45 -47]。

50 メリトアテンは、ツタンカーメンの正妃アンクエスエンアメンの姉で、ツタンカーメンの義理の母と考えられるネフェルティティ（アクエンアテンの正妃）の長女である。ツタンカーメンとメリトアテンの関係は、父アクエンアテンの異母姉弟と考えられる。

51 カーター番号 Obj. no. 21

52 リーヴス 1993 : 162.

53 リーヴス 1993 : 319.

54 リーヴス 1993 : 321.

55 リーヴス 1993 : 326.

56 太陽円盤の装飾を施されたコブラはツタンカーメン王祖父のアメンヘテプ3世時代から見られる。木製の太陽円盤で直立したコブラの像は興奮したコブラを表現し"イケト 蛇""ラーの眼の守護"の意味を持つ。太陽円盤の装飾を施され直立したコブラは、第18、19王朝の王墓や私人墓のレリーフにおいて祠堂及びキオスクの上部に描かれている [Faulkner 1969 : 49] [D'Auria et al 1989 : 143-144]。

57 Hornung 1996 : 158-161.

58 カーター番号 Obj. no. 137

59 カーター番号 Obj. no. 92d

60 カーター番号 Obj. no. 91

宝物庫にあったカノポス壺が納められた厨子の上部にも太陽円盤を掲げたウラエ

ウスが装飾されている。しかしこのウラエウスは30cmと、大きさが2倍以上ある。

61 雌牛の寝台上で前に置かれた箱（カーター番号 Obj. no. 54）には、床の上に散らばっていたと考えられる布製品や棒、装飾品が混入されている。箱のサイズを鑑みても、シストラムを納めることは可能であろう。

62 カーター番号 Obj. no. 35

63 de Wit 1951 : 461-468.

64 カーター番号 Obj. no. 41

65 カーター番号 Obj. no. 45

66 カーター番号 Obj. no. 101

67 カーター番号 Obj. no. 101o

　箱に描かれた内容物リストには「内容、34のジャイウ形ロインクロスを作るための17ジャイの長さの布」と記されていた [リーヴス 1993 : 325]。

　箱には主に布製品が納められていたが、内容物リストに含まれていないチャリオットの部品（カーター番号 Obj. no. 101n）やネックレス（カーター番号 Obj. no. 101w）も納められていた。よって再び墓が封印された際に枕が入れられた可能性も否定できない。

68 リーヴス 1993 : 310.

69 Museum of fine arts Boston 1982 : 74-75.

70 Phillips 2002 : 65-68.

71 Naville 1907 : 22 ; Naville 1910 : 14.

72 女性の王であるハトシェプストが、この地域の主要な女神であるハトホル神殿と密接な関係を結ぼうとしたことからこの地に葬祭殿を建設したといわれる。葬祭殿にはハトホル女神を祭る聖域も存在する [Cooney 2014 : 144-145]。

73 Manniche 1991a : 117.

74 この点は、アマルナ時代だけでなく、後の時代に王妃が所持している輪型システラムの横棒がコブラの形を呈していることからも裏付けられる。

75 杉 他 1978 : 634.

76 カーター番号 Obj. no. 101w

77 カーター番号 Obj. no. 269e, 269f

78 王笏と殻竿は壁画や彫像で現れるが、遺物としてはツタンカーメン王墓出土のものしかない。また小型サイズのものは、幼かった王が即位時に使用していたと考えられている [ハワス 2012 : 114]。

79 河合 2017 : 46-47.

第5章
ツタンカーメン王墓出土の
トランペット

　エジプトで出土したハープ、リュート、フルート、リラなどの楽器は、現在の私たちが使用している楽器のほぼ原形である。これらの楽器を演奏した場面は貴族の墓や神殿の壁画に描かれており、よって出土資料と壁画等図像資料の両面から古代エジプト音楽の研究は進められてきた。

　しかし、遺物から楽器を復元するにあたっては大きな問題があった。図像資料から当時の楽器の状態を予測し、ある程度まで楽器を復元することは可能なものの、ハープやリュート、リラといった弦楽器に当時張られていた「弦」は残っていない。木製である楽器の枠組みとは異なり、弦は腐蝕してしまったためである。この点は弦楽器を復元する上で非常に難しい問題だが、金属製の管楽器であれば（葦などのリードが付随する管楽器は別として）復元し、当時の音色を想定することが可能である。

　そうした資料の状況を鑑み、本章ではツタンカーメン王墓から発掘された、通称 TUT's Trumpets と呼ばれる遺物を取り上げる。この遺物は、多くの出土品の中で唯一演奏できる楽器であるとともに、西洋音楽で使用されるトランペットの原型である、とこれまで評価を受けてきた[1]。しかし筆者は、その構造面や装飾、銘文、あるいは実際の出土状況などから見て、そうした従来の見解に大きな疑問を抱いている。

　そこで以下では、先行研究について詳しく検討し、その問題点を明らかにした上で、このツタンカーメンのトランペットについて、従来の角度とは根本的

に異なる面から分析を加え、かつ他の副葬品との関連などについても議論を加え、この有名なトランペットに関する新たな見解を示してみたい。

第1節　古代エジプトのトランペット

　古代エジプトのトランペットについての先行研究は多くなく、管見に及ぶ限り、音楽学とエジプト学双方の観点から論じられた研究は存在しない。古代エジプトのトランペットに関してヒックマンはツタンカーメン王墓出土トランペットの分析及び考察も含め、当時までに発見されていたトランペットを描いたレリーフを挙げ、古代エジプトのトランペットが有していた役割を論じた[2]。TUT's Trumpets についての先行研究は次節で詳しく述べる。

第1項　壁画・レリーフの図像

　古代エジプトのトランペットは、šnb（シェネブ）と呼ばれていた。図像資料において古代エジプト最古のトランペットが描かれた例は、古王国時代第6王朝初期（前2300年頃）の貴族カゲムニの墓に残るレリーフである[3]。狩猟と釣りのシーンの一部で、沼地で鳥や魚を捕獲し、船上から釣りを行う場面に描かれている[4]（図1）。

　ここでは、頭髪を編み込んで垂らしている少年が左手にガチョウを持ち、右手に管楽器のような物を持っている（図2）。ただしヒックマンは、ベル（と推定される）部分が欠落していることから、これがはたして管楽器なのか否かについては断定できないとしている。

　しかし実際問題として、船上でリードの付いていないトランペットを片手で演奏するには非常に卓越した演奏技術を擁するため（以降の壁画に見られるトランペット奏者も、必ず両手で吹き口を固定している）、本場面で少年が持っている物体をトランペットと考えるのには非常に無理があろう。加えてこの物体がトランペットであると仮定した場合、ベルと推定される部分は少年の右手の握り拳の真横に描かれていないと不自然であるが、この図には認めることも

図1　カゲムニの墓のレリーフ
（四角で示す部分が該当箇所）
[筆者撮影]

図2　管楽器のような物体を手にする少年
（図1の四角を拡大）

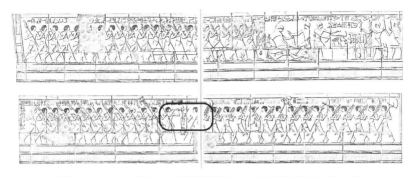

図3　ハトシェプスト女王葬祭殿第1テラス南柱廊のレリーフ
（トレース、四角内が該当部分）
[Naville 1908 : Pl. CLV-図を一部改変]

できない。

　ついでトランペットの存在が確認されるのは、それより1000年以上後の新王国時代第18王朝の女王、ハトシェプスト女王の葬祭殿（前1460年頃）に彫られたレリーフである（図3）。

　このレリーフは、葬祭殿第1テラスの南柱廊の壁に描かれた、祭の際に兵士が行進する場面である（図4、図5）。レリーフの前後には、ハトシェプスト女王が支配した敵国ヌビアの王名の一覧、アスワンからオベリスクを輸送する場面、女王がアメン神にオベリスクを捧げる場面、ライオンに化身した女王が敵を踏みつける場面が描かれている。

　ヒエログリフは劣化し判読不能な部分が多いが、ナヴィーユの報告によれば概ね以下の文章と考えられている[5]。
「彼らは言う……空には喜びの声があります……喜びをもたらす……彼の娘の治世が繁栄するように……誰が彼の建物をつくったのか、誰が生きるホルスの王座に座ったのか、永遠のカーのように。」

　また、トランペット奏者を描いた部分のヒエログリフは「エジプト全土の若者たち、テーベの若者たち、ヌビアの最高の戦士たちの喜びがある……。」と記される。続いて女王とトトメス3世の名前が表記されるが、女王の名前のみ

図4　ハトシェプスト女王葬祭殿第1テラス南柱廊のレリーフ
（四角内が該当部分）
[筆者撮影]

図5　行列の先頭の人々
（図4を拡大）

図6　トランペット奏者
（図4のトランペット奏者を拡大）

が削られている[6]。

　このように、本場面では兵士たちが祝祭時に行進する中でトランペットが演奏されている。図6はトランペット奏者の部分の拡大であるが、吹き口の部分は欠けているため吹き方の詳細は分からない。

　トランペットの描写が確定できる図像資料としては、このハトシェプスト女王葬祭殿の例が最古である。

　その後、アマルナ時代の壁画には多くのトランペットが登場し、それはハトシェプスト女王の例と同じく、兵士たちの行進場面、すなわち、軍隊に関する場面である。しかし戦闘場面に描かれた例は確認されない。図7は上から3段目にトランペット奏者が描かれる。

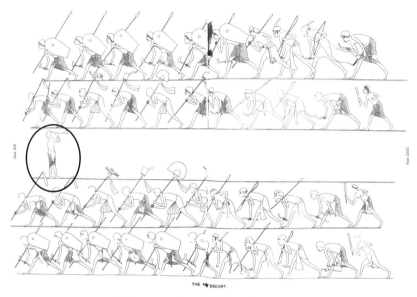

図7　アハモセの墓前廊西壁のレリーフ
（トレース、○印内がトランペット奏者）
[Davies 1905 : Pl. XXX-図を一部改変]

　図8、図9、図10はアマルナ時代のものである。他には、テーベの貴族墓に
描かれた例は見られるものの[7]、王墓には見出すことができない。

　テーベの貴族墓のレリーフである図10では、下段の左から3番目の人物がト
ランペットと思われる管楽器を吹いている。

　またトランペット奏者は2人1組で描かれている描写も見られる（図11）。
加えて、1人の奏者がトランペットを2本所持している描写もある（図12）。
同音を鳴らしたり、1本では演奏可能な音が限られているため交互で演奏を
行っていると考えるのが自然であるが、他の見方もある。詳しくは後述する。

　なおこの種の「トランペット」に関しては「歌の伴奏楽器」との見解が述べ
られることがあるが[8]、その予想される音から「伴奏楽器」として用いられる
可能性はないと考える。その点については「第3節第5項　音を鳴らす実験に
ついて」で後述する。

図8　楽器と踊り子のレリーフ
（〇印内がトランペット）
[メトロポリタン博物館 1985.328.11]

図9　トランペット奏者のレリーフ
[メトロポリタン博物館 1991.240.14]

図10　ウセル・アメン墓ホール南東壁面のレリーフ
（トレース、四角内の人物がトランペット奏者）
[Dziobek 1994 : Szene 131-7-図を一部改変]

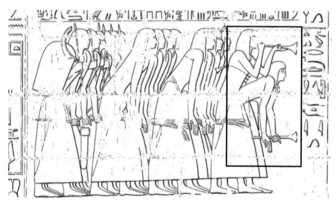

図11　ラムセス３世葬祭殿外壁北側レリーフ
（トレース、四角で示す人物がトランペット奏者たち）
[Epigraphic survey 1930 : pl.16-図を一部改変]

図12　フ\の墓南西のレリーフ
（トレース、四角で示す人物がトランペット奏者）
[Davies 1905 : Pl. XII-図を一部改変]

第２項　出土遺物

前述したように、ツタンカーメン王墓出土のトランペットが唯一現存品でか
つ演奏可能な例と考えられている。以前はルーブル美術館にトランペットが所
蔵されていたものの[9]、後に香油台であったことが確認されている[10]。その他に
は、ピートリーが発掘したとされるトランペットが存在するものの、盗難に遭
い現在は所在が不明である[11]。

なお、古代エジプト周辺で出土したトランペットとして、スーダンのムッサ
ワラート・エル＝スフラの神殿から出土した例がある[12]（図13）。このトランペッ
トは、ナイル川上流のクシュ王国で、ナパタからメロエ時代（前200年頃[13]）に
使用されたと考えられる。1960年に発見され、材質は鉄で酸化が激しく、状態
は不良である。長さは36 cm、厚さは２-2.5 cmである[14]。マウスピースは使用
されない。

カワの神殿T列柱室南東壁にあるレリーフ（前700年頃）は、行進場面を描
いたものである（図14）。左から２番目の従者はトランペットと思われる管楽
器を演奏している。そのため、トランペットは軍事の合図や伝達のためだけで
はなく、宗教行事における楽器奏者たちの行進の際にも演奏されていたのでは
ないかと考えられる。しかし、ここではエジプトではなくクシュ王国の場面で
あることは考慮に入れておいたほうがよいかもしれない。

同時代資料として、シド・ウズベキスタンでは Oxus Trumpet と呼ばれる
トランペットが発見されている[15]（図15）。この遺物は前2000年頃に使用された

図13　ムッサワラート・エル＝スフラの神殿出土のトランペット

[Biling 1991 : 72 Abb. 1]

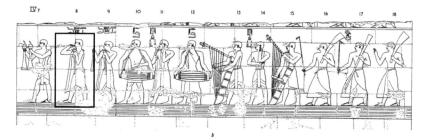

図14　カワの神殿Ｔ列柱室南東壁のレリーフ

（トレース、四角内の人物がトランペット奏者）

[Macadam 1955 : Plate XIV-図を一部改変]

図15　Oxus Trumpet

[Lawergren 2003 : 70-Figure. 15]

と考えられ、TUT's Trumpet よりもかなり全長が短い。トランペットの長さ
を考慮に入れ、図像及び文献資料から、これらのトランペットは狩猟の際に使
用されたと推定されている。鹿の鳴き声のような音が発生するため狩猟の際に
使う道具の一種であったと考えられている[16]。

　なおツタンカーメンの TUT's Trumpet は Oxus Trumpet よりも管の長さ
は30-40 cmほどかなり長く、伝達や儀礼などに使用できる程度の音を発生す
ることは可能であったと推察する。

第 2 節　資料

　図像並びに実物資料の状況を確認した上で、以下では、このツタンカーメン
王墓から出土した 2 本のトランペットを検討していく。以下の表 1 のトラン
ペット 1 が、図16の左から 2 番目、トランペット 2 が右から 2 番目のものを示
している。

表 1　TUT's Trumpets

		サイズ	装飾	出土位置
トランペット 1	銀（吹口の内側は金）	全長58.2 cm 吹口 1.7 cm（直径） ベル 8.2 cm	ベルの部分に金の装飾 ラー・ホルアクティ神 アメン・ラー神 プタハ神	玄室南東角
トランペット 2	銅または青銅（吹口の内側は銀）	全長49.4 cm 吹口 1.3 cm（直径） ベル 8.4 cm	吹口、ベルの部分に金箔の装飾 ラー・ホルアクティ神 アメン・ラー神 ツタンカーメン王 プタハ神	前室出土の木箱（カーターの記録番号50）内

　図16の左から順に、銀製トランペットに付随した木製トランペット、銀製ト
ランペット（トランペット 1 ）、銅製トランペット（トランペット 2 ）、銅製ト
ランペットに付随した木製トランペットである。

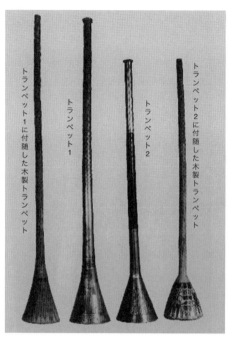

図16　TUT's Trumpets
[Manniche 1976 : Pl. VI-図を一部改変]

　双方の長さは、それぞれトランペット1が58.2 cm、トランペット2が
49.4 cmであり、前者の方が8.8 cm長い。また、材質も銀と銅（または青銅）
で異なることから、発生する音色も当然異なるものと推察される。これらのト
ランペットには、それぞれ木製のトランペットが付随していた。木製トランペッ
トとトランペット1のベルにはロータスの花が描かれていることを挙げておき
たい。さらに木製トランペットには、リシ紋様も描かれている。トランペット
のベル部分には、神々や王の図像が彫られている。また出土状況に着目すると、
トランペット1は玄室南東の角から発見された。アラバスター製のランプ（173）
の下に藁状の植物遺体に包まれた状態で置かれていた。ついで、トランペット
2は前室に置かれていた木箱（50）の中から発見された。

　ツタンカーメン王墓出土のトランペットの測定、及び分析・考察はヒックマンとマニケが行った。ヒックマンは、TUT's Trumpets 及び当時トランペットと考えられていたルーブル美術館所蔵の香油台[17]を、オシロスコープを使って測定し、奏でられたであろう音を想定した。加えて、当時までに発見されていたトランペットを描いたレリーフを挙げ、古代エジプトのトランペットが有していた役割を論じた[18]。

　またマニケはツタンカーメン王墓出土の楽器のクラッパーやシストラム、トランペットを計測しトランペットの持つ役割について述べた[19]。

　その他、古代エジプトに関する概説書の中で存在が取り上げられることは多いものの、TUT's Trumpets のみを対象とした研究は少ないのが現状である。

　ちなみに音楽学の楽器研究において、TUT's Trumpets が各楽器の源流として取り上げられることも度々ある。例を挙げると、ギリシアとエトルリアでローマ時代に使用された Salpinx（耳管）[20]、ハンガリーでローマ時代に使用された管楽器[21]の類に関してである。興味深い点は、これらはその形状と発生する音から共にペット属ではなく、チューバ属に分類される楽器という点である[22]。

　まず、それぞれのトランペットのベル部分には、神々や王の図像が彫られているが、それぞれに分析を行い、先行研究と共に考察したい。

第 3 節　分析

第 1 項　銀製トランペット

　このトランペットは玄室の南東角において（図17）、アラバスター製ランプ（173）の下に藁状の植物遺体に包まれた状態で発見された。ランプには使用痕があり、その脇からは青色の帯状装飾が施された赤色陶器の栓[23]、数本の牛の肋骨[24]、木製ラベルの断片[25]、黒色の物質を含む鍋の破片[26]が出土した。本章では「トランペット1」とする。

　材質は銀（吹口の内側は金）で全長58.2 cm、吹口1.7 cm（直径）、ベル部分8.2 cm

129

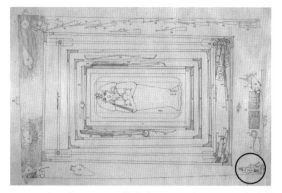

図17 ツタンカーメン王墓玄室トランペット1の出土位置
（○印部分がトランペット1）
[リーヴス 1993 : 146-図を一部改変]

図18 トランペット1のベル部分
[Manniche 1976 : Pl. X, IX]

（直径）を測る。ベル部分は金板で覆われ、図18に見るように、プタハ神に向き合う形でラー・ホルアクティ神とアメン・ラー神が認められる。

　墓を発掘したカーターは、調査報告書で銀製トランペットについて以下のように述べた。

　「この類いないランプの下には藁につつまれた銀製トランペットが一個あり、長い年月で変色しているが、ひとたび吹き鳴らせば、谷の全体にその音色は響き渡ることだろう。その表面には、たくみに、杯と萼片のうずまき、ツタンカーメンの幼名および即位名、ラー、アメン、プタハ諸神の像が彫りこまれている。ラムセス大王治世の軍隊構成について、私たちは知っているが、これらの神々は3軍隊ないし3個部隊からなる野戦軍の攻勢と何らかの関係をもっていて、各軍団それぞれにこれら神々のうち一柱の神の特別の加護のもとにあったとみられる。フェニキアの「犬の川」にはラムセス大王のころの3つの軍隊記念碑がのこされているが、おそらく、それぞれの軍隊がそれぞれ庇護をこうむる神にささげて建立したものであろう。最近パレスチナのベイサンで発見された石碑にも、同じ部隊ないし軍隊があらわれている。したがって、金細工をほどこした銀のトランペットは軍事的意味をもつものであり、また、ラー、アメン、プタハ3神に加護された帝国軍隊を構成する3軍団は、第18王朝のころ設立されたし、あるいはツタンカーメン治世以前に創設されていたと推定してよいだろう。」[27]

　この点に関しては、ツタンカーメン王墓出土品のうち "TUT's Trumpets" の調査書[28]を作成したマニケも当時の軍隊の名称に用いられた神々が描かれたと述べ[29]、カーターと意見を同じくする。ただし音楽学者のカービーはこのカーターの論理には飛躍があると批判し、もし神々が3つの異なる軍隊に属するのであれば、2本のトランペットしか発見されないのは奇妙であり、これらのトランペットは明らかに演奏目的で制作されたとした[30]。

また、神々の図像上部に彫られた「カルトゥーシュ」内には王の誕生名であるツタンカーメン、即位名「ネブ・ケペルウ・ラー」がそれぞれ2箇所ずつ交互に彫られている。そして神々の頭上にも図19に①、②、③と記したヒエログリフが記される。以下はヒエログリフとその日本語訳である。

① （PtH nb-mAat nb-pt）　　「プタハ、真実の主、天空の主」
② （Imn-Ra nswt）　　　　「アメン・ラー、（神々の）王」
③ （Ra-Hr-Axty nb-pt）　　「ラー・ホルアクティ、天空の主」

　なお、神々の図像の合間にはロータスの花弁模様が散見されるため、神々と王名を記したカルトゥーシュは当初彫られていた花弁模様の上に追加されたことが分かる。王名は神々の図像とは逆方向に彫られており、これはトランペットを吹く人物にとって王名が正しく見える向きに彫られたことを示している。

③　　　　　②　　　　　　①

図19　トランペット1の図像に彫られたヒエログリフ[31]
[Manniche 1976 : Pl. X を一部改変及びトレース]

この点につき、リーヴスは「ツタンカーメン王の死後に神々の図像が付け足されたのだろう。」[32]と推察した。

　また、ベルの最下部の文様帯から少し離れた上部には線が引かれ、そこに神々が立ち姿で彫られている。古代エジプトの美術規範では、このように空白を挟んで神々の図像を描く、すなわち、神々が宙に浮かぶような姿で表現されることはなく、今述べた、王名と神々の図像が逆方向に彫られることとあわせ、両者が花弁文様の後に追加されたことをそれぞれ物語っている。

第2項　銅製トランペット

　もう1本のトランペットは、前室出土の木箱（50）から発見された（図20、図21、図22、図23）。2011年にエジプトで起きた革命時にこのトランペットは盗難にあったが、現在は返却され修復されている[33]。本章では「トランペット2」とする。木箱は脚付きで彩色が施され、長さは1.36 m。ライオンの頭部を持つ儀式用寝台（35）の前に置かれていた。カーターは、この箱について以下のように述べている。

　　　「黒檀と絵を描いた白い木で作られた一個の長い箱は、格子細工の台の
　　　上に乗り蝶番をつけた蓋を備えて、寝台の前の床の上に孤立していた。
　　　その中身は奇妙な混合であった。一番上に、詰めた時のままに捻じ曲
　　　げられ、押し込められて、幾枚ものシャツと王の多数の下着があった。
　　　一方、その下に、いくらか順序よく下から積み重ねて、幾本ものステッ
　　　キ、弓、多数の矢があった。矢の先端は、その金属のために、すべて
　　　壊され、奪われていた。箱は始めて置かれた時には、たぶんステッキ
　　　と弓と矢しかおさめていなかった。したがって、既に記したような寝
　　　台の上から現れた物だけでなく、室の各所に散らばっていた物も箱の
　　　中にあったのである。」[34]。

　第2章で先述したように、ツタンカーメン王墓には2回にわたり古代の段階

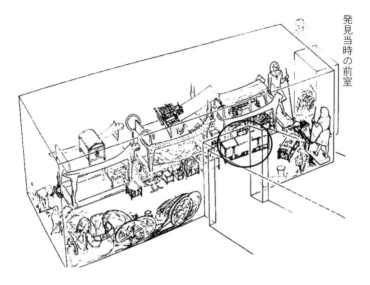

発見当時の前室

図20　ツタンカーメン王墓前室
（○印内がトランペット 2 が挿入された箱（50））
[リーヴス 1993：138-図を一部改変]

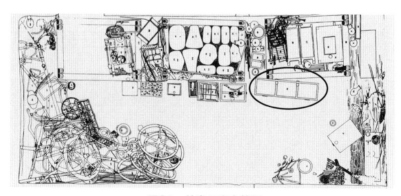

図21　前室の出土状況
（○印内がトランペット 2 が挿入された箱（50））
[リーヴス 1993：140-図を一部改変]

図22　前室から出土した箱（50）

[The Griffith Institute　　http://www.griffith.ox.ac.uk/gri/carter/050-p0108.html より2020. 8. 30 アクセス確認済み]

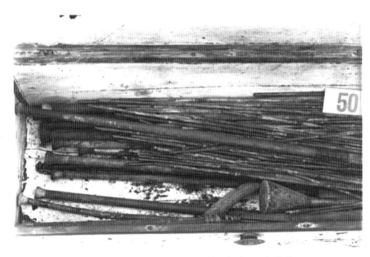

図23　前室から出土した箱（50）の内容物

[Manniche 1976 : Pl. XII]

図24　前室の北東の壁
（〇印部分が、トランペット 2 が挿入された箱（50））
[リーヴス 1993：141-図を一部改変]

で墓泥棒が侵入しており、1 回目の際に前室と付属室に侵入した。この際に、既にこの箱は墓泥棒によって開封されていたと考えられる。下降通路から、前室にあった矢から折り取られたブロンズの鏃が出土している[35]ことからも明らかである。

　図24の寝台の前に置かれた箱（50）の向きに注目すると、開閉部分は手前側ではなく寝台側にある。箱は埋葬時から一度開けられているにもかかわらず、なぜこのような向きで置かれているのであろうか。

　おそらくこの木箱には、当初矢や弓、そして杖が納められトランペットが同梱されていた。1 回目の墓泥棒侵入の段階で、箱は荒らされた。再び墓を閉じる際に、役人たちによって床に散らばっていたであろう布類が、箱に残された残留物である矢と杖、そしてトランペットの上に入れられた。役人たちは墓の再封印を大急ぎで行ったと考えられ、箱の向きを考慮することなく寝台前に置

いたと推測される。2回目の墓泥棒侵入の段階で、寝台前にこの箱は置いてあったのであろう。このことは、寝台の下に置かれた副葬品には墓泥棒たちによって荒らされた痕跡がまったくないことから推定される。

　トランペット2は銅または青銅（吹口の内側は銀）製[36]で、長さ49.4 cm、吹口1.3 cm（直径）、ベル8.4 cm（直径）を測る。吹口とベルの部分は金板で覆われ、ラー・ホルアクティ神、アメン・ラー神、ツタンカーメン王、プタハ神が彫られている。トランペット1の図像と同様に、プタハ神に向き合う形でアメン・ラー神とラー・ホルアクティ神が認められる。

　しかしながら、このトランペット2の図像ではプタハ神とアメン・ラー神の間にツタンカーメン王が彫られている。アメン・ラー神はツタンカーメン王の口元にアンク（生命）を捧げており、神々と王の頭上には図25に①、②、③、④と記したヒエログリフが彫られる。以下は、ヒエログリフとその日本語訳である。

① （PtH aA rsy-inb nb-mAat ms-n-nbwt）
「偉大なる（?）プタハ神、壁の南にいる者、真実の主、すべての（?）から生まれし者」
② （nfr-nTr Nb-xprw-Ra dy-anx）
「良き神、ネブ・ケペルウ・ラー、生命を与えられし者」
③ （Imn-Ra nswt nTrw nb（w））
「アメン・ラー、すべての神々の王」
④ （Ra-Hr-Axty nTr aA nb pt）
「ラー・ホルアクティ、良き神、天空の主」

　マニケは、王と神の足が被さるように彫られるが、図像にはいかなる変更の痕跡も見られない、とみる[37]。そしてトランペット1の図像が後に追加されたことを踏まえ、トランペット2の図像もツタンカーメン王の死後に追加されたものか疑問は残る、とも述べる。加えて彼女は、アメン・ラー神がアンクを王

④　　　　　③　　　　　②　　　　　①

図25　トランペット２の図像に彫られたヒエログリフ[38]
[Manniche 1976 : Pl. X を一部改変及びトレース]

に与える（生命を与える）構図は葬儀の概念に相応しいとした上で、実用品を
副葬用に制作したのではないかと仮定した[39]。

第３項　両トランペットに付随した木製トランペット

　トランペットには、それぞれ木製のトランペットが付随していたがこれは一
般に「ストッパー」と称され、トランペットを使用していない際、偶然の損傷
やゆがみから薄い金属を保護するため[40]のものであり、あるいは使用されてい
ないときには楽器を吊り下げるための手段[41]として、もしくはおそらく布の一
片を取り付けることによってトランペットを掃除するための道具として[42]ヒッ

クマンは解釈した。カーターも輸送中の破損を防ぐため制作された、と推測している。この点につき、リーヴスは、トランペットを使用していない際、偶然の損傷やゆがみから薄い金属を保護するためのものであろう[43]、と述べた。カービーも意見を同じくしている。

　また前章で述べたように、壁画資料において1人の奏者が2本のトランペットを所持している描写がある。ヒックマンは、これを「ストッパー」であると解釈した。

　マニケは、ヒックマンの仮説に「しかしながら、完全に説得力のある説明は提案されていない」と付け加え、ストッパーの方が本体のトランペットよりもわずかにサイズが大きいため吊り下げ時に使うことは不可能であると否定をしている[44]。さらに新しい考えとして、制作中に金属板を打ち延ばすときに用いられたのかもしれない、と提示し、その後保管用に使用されたのかもしれない、とした。しかし、石膏が塗られその上にロータスの彩色がされているのは、副葬品のために特別に装飾された可能性も指摘した（しかし損傷している点も指摘している）。マニケはそれを「王の眠りを妨げないようにする装置」であると主張し、トランペットは「持ち運び可能な」楽器であるため、運搬時に木製トランペットを中に入れたと述べる[45]。

第4項　両トランペットの使用目的

　マニケは「ストッパー」に睡蓮の花が描かれていることから、王の来世での呼吸にトランペットが何らかの関わりを持っているのではないか、と考えた。彼女はローマ時代の来世信仰においてトランペットは何らかの関係を持っていたと考えており、トランペット1すなわち銀製トランペットは現世では軍隊の楽器、そして来世では王の復活を助けるものとしてそれぞれの役割を持っていたのではないかと想像した。これは前述したように、銀製トランペットの装飾が途中で変更されたことによって裏付けられ、当初は睡蓮の花の装飾の副葬品として制作されたが、ついで神々の像の装飾が加えられて軍用に転じ、そしてツタンカーメン王墓に埋葬された、との仮説を提示した[46]。

またトランペット２すなわち青銅のトランペットについては、マニケは描かれた王の青冠と衣服が戦闘を連想させることから、３人の神々は軍として解釈される可能性はあるが、軍事的に使用したのではない、と推測した。それは、王がアメン・ラー神からアンクを掲げられている描写が理由である、としている。神々から命を受け取るシーンは、葬儀の概念とも相容れず、副葬品として制作されたわけでもない、と述べるにとどまった。

　前述したように、カービーは２つのトランペットは、明らかに日常的に演奏する目的で制作されたと述べている。リーヴスは、２つのトランペットを「軍用トランペット」とし、軍で使用したと述べた。

　もっとも、これまでの先行研究の多くは、TUT's trumpets はどのような音を出すのかに関する研究であった。

第５項　音を鳴らす実験について

　実際に音を鳴らしたとする有名な実験についてもふれておきたい。それは1939年にイギリス BBC 放送で「チェリー・ピッカーズ」のバンドマンであるジェームズ・タパーンが TUT's Trumpets を初めて吹いたと主張しており[47]、これは現在でもインターネットで視聴が可能である[48]。ここでは、現在のトランペットを演奏する際に使用するマウスピースが用いられている。しかし後に詳しく検討するが、ツタンカーメンのトランペットではマウスピースを使用しなかった可能性が高いと推測されるため、この実験ではトランペット本来の音色は確認できるものの、音階や奏法の復元は不可能であると考えた方がよいであろう。この実験に関する詳細は明らかでないが、筆者は、演奏者が当初演奏を試みたものの、意図する音が出なかったために現在の楽器で用いるマウスピースを使用した可能性が高いと考えている。

　なおこの実験に関しては、それより６年前の1933年に音楽学者のパーシヴァル・ロブソン・カービーが TUT's Trumpets を吹いたとする記録もある[49]。これは非公式なものとされているが、とすれば最初に TUT's Trumpets を演奏したのはジェームズではなくカービーということになる。ここでも、彼は音を

出すのはかなり難しく、一音しか出なかった、と述べている点は非常に興味深い[50]。

　音色の点ではヒックマンは最初「トランペットあるいはコルネットの音ではなく、むしろ中世のトロンボーンや原始的なホルンの音色」としていたが、後に「力強いしゃがれ声」と表現した[51]。加えて、どちらのトランペットの場合でも、低音部は、音質と強さの両方の点で明らかに貧弱なものであったが、高音部はかつて使用されたことがなかったのか、音を出すこと自体が困難であった、と述べた。音楽研究家のジェレミー・モンタグはこれらのトランペットは中音域で使用されるように制作された[52]、と結論づけたのにリーヴスは賛同している。「古代エジプトの軍用トランペットの信号コードが、リズミカルなコードあるいは単一なピッチであった」[53]と推論した。

　その後、1941年に行われたヒックマンによる検証実験では、マウスピースを使用せずにレプリカを用いている。なぜなら、1939年のジェームズの演奏によりトランペット1（リング上端部に欠損が見られるトランペット2ではない）に傷がついてしまったためである。ヒックマンは、トランペット1はドよりやや低い音、トランペット2はドからドのシャープの中間の音が出たと記録している[54]。

　これまでの先行研究では、多くの研究者が TUT's trumpets が古代エジプトの楽器において唯一演奏できる楽器であるという点に着目し「どのような音が演奏されるか」に着眼点をおき、さまざまな議論を重ねてきた。

　しかし、他の副葬品との関連や出土状況を鑑みた上で、2本のトランペットがどのような役割を果たしていたか、どのような目的で制作されたのかについては不明瞭な部分が多いように感じられる。そして、トランペットに彫られた図像について着目した研究はほとんど行われていない。しかし筆者は、その図像を細かく分析することによりトランペットの制作時期や使用目的について新たな見解を追加することが可能と考えるので、まずその点を論じてみたい。

第4節　議論

第1項　両トランペットに彫られた図像

　前述したようにトランペット双方の図像に関しては「それがいつ彫られたもの」で、「何を意味しているのか」という点で議論が分かれる。その点につき検証してみたい。

（1）トランペット1の即位名について

　図26に示すように、ツタンカーメンの即位名である「ネブ・ケペルウ・ラー」のカルトゥーシュ内にはロータスの花弁模様が彫られておらず、この即位名はロータスの模様と同時に彫られたものと考えられる。だとすれば、誕生名のツタンカーメンと神々は後に加えられたものの、即位名である「ネブ・ケペルウ・

図26　トランペット1のベル部分に彫られた即位名
[Manniche 1976 : Pl. IX]

ラー」はトランペット制作時に彫られたこととなる。これはいったい何を意味
するのだろうか。

　そもそも、即位名とは戴冠式を経て即位する際に王に与えられた名である。
一方で誕生名であるトゥトアンクアメン（ツタンカーメン）は、アメン信仰を
復活後にその前のトゥトアンクアテンから改名した際の名であることが知られ
ている[55]。

　繰り返しになるが、トランペット１の神々の図像が後に追加されたことは間
違いない。そこで即位名がトランペット制作時に既に彫られていたのだとすれ
ば、トランペットの制作はアマルナ時代の、トゥトアンクアメン（ツタンカー
メン）への改名以前になされたことを示すと思われる。その場合には、後に追
加された神々と王名はアメン信仰が復活した際にトランペット１に追加された
とみるのが妥当であろう[56]。

（２）グリッドを用いたトランペット１と２の比較

　その見方を検証するために、以下ではグリッド（方眼）を用いた分析を行う。
古代のエジプトでは、人物などを描く際に下絵の段階でグリッドを用いていた
ことが知られている。それには時代毎に定められた人体比率が存在し、壁画だ
けでなく彫像にも影響を及ぼしていた。この人体比率に関してはロビンスによ
る詳細な研究が存在する[57]。

　そのロビンスは、第18王朝において髪の生え際から足の裏まで18のグリッド
が使用されたとする[58]。一方、ツタンカーメンの父であるアクエンアテン王の
治世を中心とするアマルナ時代では、髪の生え際から足の裏まで20のグリッド
が採用されたとみる[59]。

　そして続くツタンカーメン王の治世には、20と18双方のグリッドが用いられ
た[60]。なお、古代エジプトの王朝時代を通じ（アマルナ時代を除く）、膝下から
足裏までのグリッド数は髪の生え際から足裏の全グリッド数の３分の１となる
ことが知られている[61]。

　ロビンスの定義をもとに、グリッドを用いてトランペットの図像を分析しよ

う。彼女は、ツタンカーメン王墓の玄室壁画及び副葬品にグリッド（及び横線）を当てはめ考察した[62]が、トランペットの図像は扱っていない。カーターをはじめとする先行研究でもその点はふれられたことがないが、ツタンカーメン王の治世に20から18グリッドへの変化が見られたのだとすれば、その点を検討することで図像が彫られた時期が明らかになる可能性が存在する。以下、18もしくは20のグリッドを図像に当てはめてみる。

トランペット1の図像に18グリッドは当てはまらず、20グリッドが合致した（図27）。中央に彫られたアメン・ラー神を中心に計測すると、頭部（髪の生え際から顎下まで）が2グリッド、上半身部（頸部から臍まで）が5グリッド、臍下から膝上までが5グリッド、膝下から足裏までが6グリッドとなり、肩幅は6グリッドである。上半身部を見ると、頸部に1グリッド使用している。また、伸ばした腕のグリッドは6である。

前項で、トランペット1はもともとアマルナ時代に制作され、その後アメン信仰が復活した際に神々と王名が付け加えられたとの見通しを示した。18グリッドではなく20グリッドが合致することは、アマルナ時代の終焉直後にこの図像が彫られた可能性を示唆するのかもしれない。リーヴスはツタンカーメン王の死後に図像が追加されたと推測したが、「（アメン信仰が復活した）死後」と断定するのにはやや躊躇が伴う。なぜなら、ここでは頸部に1グリッドが用いられているためである。頸部を長く表現するのはアマルナ時代の特徴であり[63]、そうした痕跡が残存するのは、アマルナ後の過渡期に図像が彫られたことを示すように思われる。

それに対し、トランペット2の図像には逆に20グリッドが合致せず、18グリッドが当てはまる（図28）。トランペット1と同様にアメン・ラー神を中心に計測した場合には、頭部（髪の生え際から顎下まで）が2グリッド、上半身部（頸部から臍まで）が5グリッド、臍下から膝上までが5グリッド、膝下から足裏までが6グリッドで肩幅は5グリッドである。また頸部は1グリッドではなく2分の1グリッドが対応する。

したがって、採用されたグリッドが異なることから、トランペット1と2は

図27　グリッドを用いたトランペット１の図像（20グリッド）

[Manniche 1976 : Pl. X を一部改変]

図28　グリッドを用いたトランペット２の図像（18グリッド）

[筆者撮影]

異なる人体比率の基に図像が彫られたことが分かる。また上半身部分と膝上部分のコマ数にも1グリッドずつ差異がある。頸部についても2分の1グリッドの差がある。

　このようにトランペット1と2の人体比率が異なることは、両トランペットの図像が彫られた時期が同一ではないことを強く示唆している。

（３）グリッドを用いたトランペット2の王

　さらにトランペット2を注視すると、神々とツタンカーメン王ではグリッド数もしくは人体比率が異なるように見える。そこで、ツタンカーメン王のみにグリッドを引いてみよう。

　王に18グリッドは当てはまらず、20グリッドが合致する。図29に示すように王は頭部（髪の生え際から顎下まで）が2グリッド、上半身部（頸部から臍まで）が6グリッド、臍下から膝上までが6グリッド、膝下から足裏までが6グリッドとなり、肩幅は5グリッドである。頸部は、1グリッド使用している。

図29　グリッドを用いたトランペット2の王（20グリッド）

そのため、上半身部は頸部を除くと5グリッドとなる。

　さらに、腕の部分のみに注目した場合、王の腕のグリッドは8である。対してラー・ホルアクティ神の腕は7である。王の頸部と手を長く表現している様にはアマルナ時代の特徴を見て取れる[64]。

　膝下から足裏までのグリッド数は、足裏から顎までの高さの3分の1である。先に述べたように、髪の生え際から足裏に至る高さの3分の1ではない。これはツタンカーメン王時代に見られる例外であり、同王の墓では玄室北壁に描かれた人体比率と同一である。よって、明らかにアマルナ時代後期の人体比率の影響を受けたものと想定される[65]。

　後ほど検証するが、神々のグリッド比率は第18王朝時代に採用された人体比率に合致すると言えるであろう。

（4）トランペット2の王と他の神々との相違点

　マニケは「王の足と神の足が被って彫られているが、図像にはいかなる変更の痕跡も見られない」と記したが、筆者はこの説に疑問を呈したい。アメン・ラー神は王の口元にアンクを差し出しており、向き合う王は蛇形記章である女神ワジェトが額に付いた青冠、短いキルト、襟飾りとブレスレットを身に着け、左手にはアンクと笏を所持する。類似図像が見られるツタンカーメン王墓玄室北壁では王が左手にアンクと棍棒を所持するものの、笏は手にしていない。

　また図30の矢印に示すように、王の青冠から右斜め下方向になびく帯状の表現は、プタハ神の杖の部分と重なるように彫られている。当初から三柱神と王を彫ることを想定したのであれば、こうした重複は起きなかった可能性が高い。また先に王が彫られていたとしても重複を避けて彫ることは同じく可能なため、これは王がプタハ神よりも後に彫られたことを示すと推察される。

　さらには、図31の矢印に示すように、左側にいるアメン・ラー神の左腕は王の胴体で肘から先が隠れている。神が王の背中に手を回し、肩を抱くポーズは比較的頻繁に見られるが、そうした場面で描かれるべき、アメン・ラー神の左手指先が王の右肩に掛かるように彫られてはおらず、その種の構図を意図した

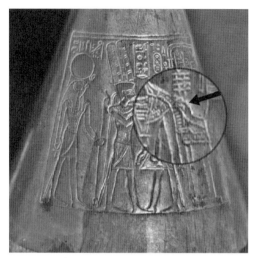

図30　トランペット２の図像の拡大図
（矢印箇所が重複する部分）

図31　トランペット２のアメン・ラー神の手元の拡大図

図32　トランペット２の王の足元の拡大図

ものではないことが窺える。

　また図32では、王の足がアメン・ラー神のそれに重なって彫られている。神が王にアンクを差し出す場面としては、ツタンカーメン王墓玄室の南壁にハトホル女神が王にアンクを差し出す同様の壁画があり、そこでも足は重なって表現されるものの、ここでは続く図33にも示すように、王の脚や右腕を表す輪郭線がとりわけ深く彫り込まれ、何回かにわたって彫られた様子は輪郭線の重なりにも見て取れる。よってこれらの痕跡は、元は王を彫るスペースとして想定していなかった箇所に、王をいわば無理にはめ込む形で彫りこんだ可能性を指し示しているように推察される。通常見られることのない左手にアンクと笏を所持する姿も、右手に笏を持たせる余白がなかったためと考えられるのではないだろうか。

　このように、トランペット２に彫られた図像において王は神々と身体を表現する際の比率がそもそも異なっており、加えてラー・ホルアクティ神、アメン・

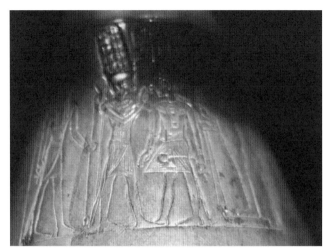

図33　トランペット２の図像の彫り込み痕

ラー神、プタハ神の三柱神と同時に王が彫られたと仮定した場合には、実際の彫り込み痕などから見ていくつもの不可解な点が認められる。よってトランペット２の図像に本来ツタンカーメン王は含まれておらず、後ほど追加された可能性が高いことを指摘しておきたい。

　では王が追加されたと仮定した場合に、もともとそこには何かが彫られていたのだろうか。

　仮定の域を出ないものの、図34ではラー・ホルアクティ神が手にするワス杖の先端部（①）と見受けられる痕跡がツタンカーメン王の右横（②）、頸部の後ろに認められる。加えて、アメン・ラー神の左手が王に被っていることからも、アメン・ラー神が左手を伸ばし、杖を所持する姿で彫られていた可能性を示しておきたい。その際には、図35のような構図であったと想定される。この仮定が正しいとすれば、トランペット１の図像と同様の構図がトランペット２にも用いられたことになろう。

　次に、トランペット２の図像にいつ王が追加されたのかを考えてみたい。先に述べたように、トランペット２に描かれた王の人体比率には、アマルナ時代

図34　トランペット２の図像に見られる杖先の痕跡

図35　アメン・ラー神が所持していた杖の予想図

に規範とされた美術様式の影響が見受けられる。しかしながら、その影響を帯びつつも誇張された大腿部や垂れ下がった腹部、臀部の強調などは見られないため、アマルナ時代より後に彫られたと考えるのが妥当である。

第2項　銅製トランペットに神々の図像が彫られた時期と理由

では、王がアマルナ時代の後に追加で彫られたのであれば、それ以外の三柱の神々がトランペットに彫られた時期と理由はどのように考えることができるのだろうか。

先行研究において、カーターをはじめとする研究者は、三柱神は当時の軍名に用いられていたため彫られた、と推察した。ただしこの点に関しては、ツタンカーメン王の治世時における軍名を証明する資料は発見されていないため、仮説に過ぎなかった。そこでここでは別の可能性を提示しておきたい。

そもそも、トランペット2のラー・ホルアクティ神、アメン・ラー神、及びプタハ神はトランペットにいつ彫られたのだろうか。王がアマルナ時代の後に彫られたことは人体比率から推定が可能だが、アテン一神教の性格が色濃かったアマルナ時代にそれ以外の三柱神をトランペットに記す必要はなく、したがって三柱神は、A：アマルナ時代より前に彫られたか、もしくはB：アマルナ時代より後（ただし王が彫られる前）に彫られたか、の2通りが考えられる。

A：アマルナ時代より前にトランペット2が制作され、三柱神が彫られた場合

例えばツタンカーメン王はカルナック神殿第8塔門のレリーフにおいて、祖父アメンヘテプ3世の背後に自身を追加して彫らせた[66]。これは、父であるアクエンアテン王が推し進めたアテン一神教を否定し、従来の信仰回復に努めた証拠として知られている。

既に述べたように、トランペット2の人体比率には18グリッドが採用されているが、これはアクエンアテン王より前の第18王朝の人体比率と同一である[67]。しかし、頸部のグリッド数に2分の1グリッドが用いられる点は興味深い。これはアクエンアテン王より前の第18王朝の人物比率では見られない特徴であ

り、アマルナ直前の人体比率では、頭部、並びに顔と肩部の空間（スペース）は存在しないか、もしくはわずかでしかない。

B：アマルナ時代にトランペット２が制作され、アメン信仰の復活後に三柱神が彫られた場合、もしくはアマルナ時代より後にトランペット２が制作され、その際に三柱神が彫られた場合

　いま述べたように、頸部に２分の１グリッドを採用している点は、このトランペット２においてアマルナ時代より後に三柱神が彫られた可能性を強く示唆している。アマルナ時代には頸部を長く表現するのが特徴的であり、その短縮はアマルナより前の時代への回帰と捉えることもできよう[68]。よってこの三柱神はアマルナより後に彫られた可能性が高い。

　もともと、ツタンカーメン王の治世にアテン神一神教は廃止され、アメン・ラー神は再び国家神となったことが知られている。その際には、ラー・ホルアクティ神やプタハ神も等しく最高神として崇拝された[69]。そこでこの三柱神をトランペットに示した可能性があろう。ツタンカーメン王は第18王朝末期の王だが、続く第19王朝では、ラムセス２世の治世時に建造されたアブ・シンベル大神殿の至聖所にプタハ神、アメン・ラー神、ラムセス２世、ラー・ホルアクティ神の像が並ぶ形で設置されている。このように、これら三柱神と王が共に表される構図がツタンカーメン王時代から存在した可能性があろう。

第３項　両トランペットはなぜ副葬されたのか

　ではなぜこれらの神々をトランペットに彫り、墓に副葬したのだろうか。古代のエジプトにおいてトランペットは軍隊行進時などの信号楽器として用いられたとみる向きは多く[70]、その点が、先に示したように各軍隊の象徴として神々をトランペットに彫った理由と考えられてきた。しかし出土状況を考慮に入れれば、トランペットは葬送に何らかの関係があった可能性がむしろ高いことを指摘しておきたい。やや時代は下るが、冥界の神オシリスに向かってトランペットを吹く様子を描いたステラ[71]や、同じくオシリスに向かいトランペットを吹

く様子が描かれた棺の存在が知られているためである[72]。

　そうした出土例を鑑みた場合に、トランペット１が玄室の南東隅で、ランプの下に藁にくるまれて置かれた状態で出土した点は示唆的である。この点につき、筆者は来世への旅立ちに備え、ランプの明かりと、トランペットによる音が必要であるとの古代エジプト人の思想が存在し、反映されていた可能性を先に示した[73]。

　さらには、トランペット１が置かれた位置の隣[74]には「マジック・ブリック」と呼ばれる葬祭用の呪術レンガも置かれていた。この「マジック・ブリック」にはオシリス神像（257）が伴って出土しており、トランペットの真横に、オシリス神が奉納されていることも今述べたオシリスとトランペットの関係性を示している可能性があろう。ヒックマンも、「トランペットは宗教的な祭り、特に死者の礼拝やオシリス礼拝の際に演奏された」と述べた[75]。

　玄室と宝物庫に納められた遺物は主に「葬送儀礼」に関する遺物であり、玄室において三重の人形棺を納める厨子の周囲から発見された遺物は、いずれも死せる王の復活に関する遺物であった[76]。そこで、一連の出土状況やトランペット１は当時非常に貴重であった銀を素材とすることからも、実用品としてよりは少なくとも埋葬時には葬送儀礼に関わる品として副葬された可能性が高いと判断される[77]。先行研究において、カービーはトランペット１は日常的に演奏するためのものであるとし、カーターらは軍隊で軍用ラッパとして使用していたと考えたが、素材が銀であることと使用した形跡のあるランプの下から出土したことから儀式用に制作された可能性が高いことを提示したい。このことは、トランペット１の材質にも関係があるように思われる。

　トランペット１は、そもそも材質が当時のエジプトにおいて大変高価であった銀であることに着目したい。古王国時代の貴重品の記述において、銀製品が金製品より先に記されていることから、その価値は金より高かったと思われる。比較的容易に手に入るようになったのは、新王国時代からだといわれている。入手できる銀の量が増えたにもかかわらずツタンカーメン王墓には銀製品のものは少ない。トランペットと、棺に打たれていた釘、ザクロ型の容器[78]（図

36)、小さな袋状の容器[79]、王の杖[80]のみが銀製品である。

　これらはいずれも埋葬用に制作されたものであり、トランペット 1 も同様に演奏目的で作られたのではなく埋葬用、儀式用に制作されたのではないか、という見方も成り立つのかもしれない。また、ザクロ型容器に描かれた文様とトランペット 1 に描かれた文様にある程度の類似点が見られる（図37）。

　ザクロ型容器は埋葬時どこに納められていたかはっきりしていない。発見当時は、付属室の楕円形の籠（452）の下から見つかっている。図36から、容器の弁はひどく曲げられていることが見て取れる。イグサで編まれた栓が付随していたが、破壊されていた。この粗悪な状態は、この副葬品が墓泥棒によって酷い扱いを受けたことによって生じた。カーターは、ツタンカーメン王墓には多くの金属製品が納められていたが、ほとんどは墓泥棒に奪われたと推測している。前室に納められていた副葬品が付属室に投げ入れられていることは明らかになっており、リーヴスはこのザクロ型容器も同じような扱いを受けたのではないかと推測し、埋葬時にはこの容器は前室に納められていた、としている[81]。容器に入っていた「こげ茶色の物質」の残存物は特定されなかった。

　このザクロ型の容器と、トランペット 1 の文様にある程度の類似は認められるが、何らかの関わりがあるとは断言はできない[82]。何らかの関わりがある場合、このザクロ型容器はトトメス 3 世の軍事遠征に続いてアジアからもたらされたものであるとリーヴスは指摘しているため、トランペット 1 の制作時期について、アジアからの伝来のものである可能性も示唆されるが、ここでは詳しくは言及できない。

　一方、トランペット 2 が納められていた箱（50）は前室で発見された。玄室や宝物庫とは異なり、前室に納められた遺物は概して「日用品」で、同梱されていた数多くの杖にも使用痕が見られるため[83]、トランペット 2 も日常的に使用された可能性があろう[84]。その際には、やはり同梱されていた弓と矢の出土が、先に述べたトランペットと軍の関連性を示唆しているのかもしれない。

　このように、2 本のトランペットについてはトランペット 1 が葬送儀礼用、トランペット 2 が日用品（軍隊行進の際に用いられた可能性も有）としての性

図36　ツタンカーメン王墓から出土した銀製のザクロ型の容器 (469)
[The Griffith Institute　http://www.griffith.ox.ac.uk/gri/carter/469-p1284.html より
2020. 8. 30 アクセス確認済み]

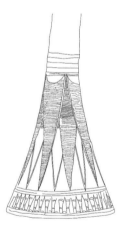

**図37　ザクロ型容器に彫られた花の装飾帯のトレースとトランペット１の文様ト
　　　レース**

[筆者作成]

格が強かったと結論づけることができる。ただし2本には共通点として、同形の木製トランペットがそれぞれ1本ずつ差し込まれていた点は、付記しておきたい。前述したようにマニケはそれを「王の眠りを妨げないようにする装置」であると主張し、トランペットは「持ち運び可能な」楽器であるため、運搬時に木製トランペットを中に入れたとも述べた[95]。

　筆者はこれらの見解に関して、この種の楽器は容易に変形するため、トランペット制作時に楽器の型を取るため、この本製品を用いていた可能性を指摘したが[86]、ロータスは古代エジプトで再生を意味する花であり、人物の口元にロータスの花を差し出す場面は新王国時代の墓の壁画やステラに度々見られる[87]。さらにこの木製品には鳥の羽をあしらったリシ文様も描かれた。この文様もロータスと同じく古代エジプトで再生の意味を含むことから[88]、木製トランペットも非実用の模型、おそらくはトランペットの変形を防ぐための型持たせ用で、トランペットが壊れても復活できるようロータスとリシ文様が描かれたと捉えることもできよう。

　また、トランペット1とトランペット2の図像の神々は台形状の枠内に彫られており、その上部には象形文字のペト（天空）が記されているため、それはすなわち、天空にいる神々の存在が抽象的に表現されていることになる。よって、それら神々の間に王が描かれる様子は、王が死後天空の神々と共に存在することを意図した表現であった可能性があろう。これはツタンカーメン王墓玄室の壁画上部に同じくペト（天空）が描かれていることからも見て取れる。本章では、2本のトランペットの使用目的がもともと異なっていた可能性をさまざまな分析や検討から示したが、いずれについても天空の中の神々に王が加わる図像を彫り込んだことで（ただしトランペット1に関しては王の図像ではなく、王名をカルトゥーシュとして追加）、トランペットは重要な品と位置づけられ、副葬されたのだろう。

　以上の分析から、トランペット1と2は異なる時期に作られたと考えることができ、少なくとも実用面において、同時に演奏することを想定して制作された楽器ではなかった可能性が高い。

同時に吹くために使用する、すなわち合奏を行うのであれば、音色を揃える意味を持たせるためにも同一の素材のものを使用するのが妥当ではないだろうか。

第4項　両トランペットの演奏方法─両トランペットの奏でた音

　前項までに、トランペット1と2の制作された時期や、材質、出土位置について議論を行ってきた。本項では、トランペット1と2がどのように演奏されたか、またどのような音を出すかについて議論していきたい。

　音楽学的観点からすれば、現代のトランペットは吹き口にマウスピースを装着して演奏する楽器である。その点 TUT's Trumpets におけるマウスピースの有無に関しては、先端部分を細かく観察すると吹き口は管内に別の管が作られ、外側の端部はリングをはめたような、外側に張り出した構造を呈している（図38）。

　たとえマウスピースの素材が葦のような素材で作られていたとしても、他の植物類が玄室内で発見され、また本トランペットが箱の内部に納められていた点を考慮すれば、その存在が見られないことはやや不可解に感じられる。また先述したハトシェプスト女王の葬祭殿や、貴族の墓のレリーフの図像資料からも演奏者が奏法の際にずれないよう、トランペットの吹き口に近い部分を握っていた様子が見て取れる。よってマウスピースは、これらの TUT's Trumpets には付随していなかったと考えるのがおそらく妥当であろう。

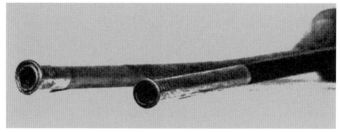

図38　TUT's Trumpets の吹き口
[Manniche 1976 : Pl. VIII]

　ラムセス３世葬祭殿並びにルクソール神殿のレリーフでは、トランペットの吹き口に唇を押し当て演奏する方法、もしくは吹き口を咥えて演奏する方法の２通りの演奏方法が想定される（図39、図40）。
　その点につき、トランペット２のリング上端部を観察するとわずかに塗装が

図39　ラムセス３世葬祭殿第２中庭東壁に描かれたトランペット奏者

[筆者撮影]

図40　ルクソール神殿列柱廊南壁に描かれたトランペット奏者

[筆者撮影]

剥げ、変色している部分が見受けられる。これは演奏する際に吹き口を咥えていたため[89]、実際に歯があたって欠損が生じたとみることができるのかもしれない。しかしトランペット1については、確認ができていないためその点は考慮に入れるべきであろう。

　以上の分析並びに考察結果を踏まえると、従来の音を鳴らす実験結果についてやや疑問が生じる。音楽学的に見れば、トランペットは唇を震わせ、息を調節して音を出す楽器であるため、専門の奏者でない限り演奏は不可能に近いのも事実である。

　すなわち、金管楽器の演奏経験者でなければ演奏が難しい楽器を、実験では非経験者が演奏を行ったことから、録音実験の音階は、どれも実際のトランペットからは生み出すことが不可能な音階であった可能性が高いと推定される。

　この点につき音響学の観点から補足すると、管内側の断面積から周波数を予測し、どのような音が出るかをある程度知ることが可能である。以下の図41は、音響管のシミュレーション結果である[90]（左がトランペット1、右がトランペット2）。

　管内径の断面積が計算できる場合、数値計算で固有振動数が予測可能であり、その結果、共振のしやすさの指標を求めることができる。表の縦軸は、共振の

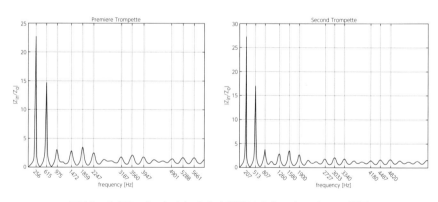

図41　トランペット1と2の音響管のシミュレーション結果
[資料提供・御協力：京都市立芸術大学　津崎実教授]

しやすさの指標、横軸が固有振動数である。その音の出しやすさは、グラフの縦軸の値が大きいほど高い。

　そのため、銀製トランペットは少なくとも256 Hz、615 Hzの音、銅製トランペットは207 Hzと513 Hzの音の出力が可能と予測される。

　この結果を基に考えれば、トランペット１、トランペット２の両方とも１音もしくは２音しか音が出せないことが分かる。そのため、この点からも１音もしくは２音では、現在のトランペットのように曲を演奏することは不可能であると言えよう。ただしこれはあくまでシミュレーションの範囲にとどまるため、他の音を出すことがまったく不可能であるとの断言は避けたい。よって、ヒックマンが「高音部がかつて使用されたことがなかったのか音を出すこと自体が困難であった」という表現は高音部の音を演奏することは不可能であったことの裏付けともとれる。リーヴスの述べたようにリズミカルなコードであったかどうかは、演奏者の技量にもよるため判別はできない。単一なピッチであったのは、シミュレーション結果からは１音、２音という結果であることからも裏付けられる。

　前述したようにヒックマンは音色については力強いしゃがれ声、と称したがこの点につき音色については、現段階では演奏を行っていないため言及することはできない、しかし１つの可能性として、今後正確な測定を行った上で3Dプリンターによって復元品を制作し、実際にトランペット奏者が演奏することで正しい奏法の理解が進む可能性があろう。

　さらに１音もしくは２音しか演奏できない可能性が高いことから合奏で使用した可能性は限りなく低く、同時に演奏されることはなかったと考えられる。

　したがって、２本のトランペットがそれぞれ異なる場所に副葬されていた点を考え合わせても、同時に演奏されたとの見方はやはり大きな矛盾を孕んでいると言える。

第5節　小結

　本章では、先行研究では扱われてこなかったツタンカーメン王墓出土のトランペットに彫られた図像をさまざまな角度から分析し、考察した。その結果、以下の点が明らかになった。

　第一に、トランペット1に見られるツタンカーメン王の即位名「ネブ・ケペルウ・ラー」はトランペット制作時に彫られたことが細かな観察から明らかとなり、同トランペットがアマルナ時代に制作されたことを示した。また、その素材と出土状況から葬送儀礼目的で制作された可能性が高く、神々の図像にグリッドを当てはめて考察した結果、アマルナ後のアメン信仰が復活した際に、神々を追加したと結論づけた。

　第二に、先行研究ではトランペット2の図像に変更や修正は見られないとされてきたが、王は後に追加された可能性が高いことを示した。いつ制作されたのかは現時点で断定できないが、三柱神がアマルナ時代の後に追加されたことは、今回当てはめたグリッドによる分析結果から明らかである。そしてそれら三柱神の間に認められる王の図像は、同じくグリッドによる分析からさらにもう一段階後に追加されたものと判断できる。それら2つの段階を経て、トランペット2の図像は最終的に天空に存在する神々に王が追加され、アメン・ラー神がアンク（生命）を王に差し出す構図となった。その際には、ツタンカーメン王の生前、トランペット2を使用していた際に王の姿は彫られていなかったが、若くして死亡し、埋葬されるにあたって王の図像を追加し副葬した可能性があろう。

　第三に、先行研究では2本のトランペットが同一の使用目的を持ち、ペアであるとの見方が一般的であったが、素材や出土位置、さらには彫られた図像の人体比率等から、同一目的の製品として製作されたものではない可能性が高いことを示した。

　最後に、共鳴特性の予想からも、TUT's Trumpets は1音もしくは2音で

演奏されると考えられ、いわゆるファンファーレの演奏は音楽学的に不可能と
みた方がよい。現在のナチュラル・トランペットは古代のトランペットと形状
が類似している。しかしツタンカーメンのそれは現代のものより管が短く、軽
い音が出た可能性が高い。また前述したように、この古代楽器で音程を作り出
すのはかなり困難であったと予測される。

　したがって TUT's Trumpets は現代の楽器のように演奏されたものではな
く、信号楽器、もしくは軍隊等が伝令に用いた類の楽器であったと考えられる。
またトランペット1についてはその素材が高価な銀であることから演奏目的で
はなく、副葬用に特別に制作されたものであった可能性もあろう。本章で指摘
した、2本を同時に演奏したとは考えにくいという事実、出土位置の異なり、
おそらくはアマルナからテーベに遷都後の王の治世晩年における図像の追加な
どはいずれもその点を補強するものである。また現代のトランペット奏者によ
れば、銀製のトランペットを演奏用に制作することはそこから発生する音を考
えた場合に想定が困難で、実際に吹いて使用することはまず考えにくいとの見
解もあることを追加しておきたい[91]。

　最後に、この TUT's Trumpets は西洋音楽楽器におけるトランペットの原
型と考えられ、本書でも便宜上「トランペット」と表記したが、マウスピース
の有無や演奏可能な音程の予測、その使用目的などから、ペット属には確かに
分類されるものの、トランペットの原型と断定するにはやや慎重にならねばな
らない。これらの特徴から言えば、ホルンの原型としても音楽学的に誤りでは
ない[92]。ちなみに先行研究ではチューバ属の楽器の原型とする見方も挙げられ
ていること[93]から、楽器分類に対する再検討の余地も残されている。

　本章で述べたように、これまでの古代エジプトにおける楽器研究では演奏法
や実際に奏でられた音に関する分析がほとんどなされてこなかった。また、楽
器が副葬されたコンテクストをレリーフなどの図像資料を組み合わせることに
より、新たな研究の可能性を広げることができると考える。

註

[1] Manniche 1991a : 76.

[2] Hickmann 1946.

[3] 残念ながら、報告書では本場面の写真及び場面が鮮明に記録されていないため、ここでは自身の撮影した鮮明な写真を引用する。管楽器についての詳しい記述等の掲載はない。

[4] Bissing 1905 : 22-33.

[5] ヒエログリフの翻字及びトランペットについての詳しい記述の掲載はない [Naville 1908 : 6]。

[6] ハトシェプスト女王は後の記録から抹殺されたため、名前が削られた [Naville 1908 : 6]。

[7] 例えば、他に [Davies 1923 : Pl.27] などが挙げられる。

[8] メトロポリタン博物館 1985.328.9　資料解説参照。

[9] Ziegler 1979 : 97.

[10] 実証の結果、ベルの形などから楽器ではないことが判明した。現在は、香油台もしくはスタンドの下部だと判明している。

[11] ピートリー博物館のオンラインデーターベース上で該当する遺物はなし。トランペットの吹き口の部分？ と見られる遺物はあったが、破片であるため確証はない（UC 66796）。筆者が博物館を訪れた際にも、トランペットに該当する遺物はなかった。

[12] Hintze 1963.

[13] Hintze 1963 : 71.

[14] Biling 1991 : 72.

[15] Lawergren 2003.

[16] Lawergren 2003 : 107-108.

[17] 第1章第1節第2項参照のこと。

[18] Hickmann 1946.

[19] Mannicche 1976.

[20] Holmes 2000.

[21] Alexandrescu 2004.

[22] 楽器分類上、楽器の構造が1つに繋がっているものか（継ぎ目があるものか）、発生すると考えられる音で楽器の属性が分けられる。

[23] カーター番号 Obj. no. 175a

24 カーター番号 Obj. no. 175b

25 カーター番号 Obj. no. 175c

26 カーター番号 Obj. no. 175d

27 カーター 1966 : 178.

28 Manniche 1976.

29 ラムセス 2 世の軍隊には、ラー軍、セト軍など軍隊に神々の名前が付けられていた [Manniche 1976 : 11]。

30 Kirby 1947 : 33-34.

31 ベルの部分に彫られたヒエログリフをトレースし、一部彫りの深さを示すため線の太さを強調している。

32 リーヴス 1993 : 275.
この事実は、マニケによってこのトランペットが元の実用品から埋葬品に変更されたとする重要な根拠の 1 つとなっている [Manniche 1976 : 11]。

33 ハワス 2012 : 17-18.

34 カーター 1966 : 82.

35 リーヴス 1993 : 162.

36 材質は今まで分析されたことがない。吹き口の部分の金属を考察し、マニケは「銅もしくは青銅」と述べた [Manniche 1976 : 9]。また最初に分析を行ったルーカスは、トランペットを銅であるとしたものの、後に銅または青銅と訂正した [Lucas 1948 : 248]。ヒックマンは「青銅、部分的に金」と述べているが、引用はない [Hickmann 1946 : 17-18]。

37 Manniche 1976 : 10-11.

38 図19と同様に、ベルの部分に彫られたヒエログリフをトレースし、一部線の太さは変更している。

39 Manniche 1976 : 11.

40 Hickmann 1946 : 18.

41 Hickmann 1946 : 43-44.

42 Hickmann 1946 : 44.

43 リーヴス 1993 : 275.

44 Manniche 1976 : 11.

45 Manniche 1976 : 11.

46 Manniche 1976 : 12-13.

47 1939年のBBCラジオの録音・放送時に主張している [Kirby 1947 : 39-42]。

48 King Tutankhamun's Trumpets played after 3000+ Year
https://www.youtube.com/watch?v=Qt9AyV3hnlc より2020.8.21 アクセス確認済み。

49 Kirby 1947.

50 Kirby 1947.

51 Hickmann 1946 : 33.

52 Montagu 1978 : 134.

53 リーヴス 1993 : 277.

54 Hickmann 1946 : 37.

55 第2章第1節第2項参照のこと。ツタンカーメン王は、即位した時は「トゥトアンクアテン（アテン神の似姿）」であった。即位時はアテン一神教で、アメン神及び多神の信仰は禁じられていた。ツタンカーメン王は治世3年頃多神教を復活させ、名を「トゥトアンクアメン（アメン神の似姿）」に改めた [河合 2017 : 42]。

56 野中 2016.

57 Robins 1993 ; Iversen 1995.

58 Robins 1993 : 87-159.

59 アマルナ時代には、髪の生え際から足の裏までのグリッド数がそれまでの18から20に変化した。既にトトメス4世時代から度々採用されていたが、アマルナ時代とは大きく人物グリッド比率が異なる [Robins 1993 : 121]。

60 Robins 1993 : 157-159.

61 Robins 1993 : 133.

62 Robins 1993 : 148-159.

63 アマルナ時代の人体比率では腕と頸部が長く脚が短い [Robins 1993 : 121]。

64 誇張された大腿部や垂れ下がった腹部、臀部の強調も特徴である [Robins 1993 : 121]。

65 足裏より臍までが11と2分の1グリッド、括れまでが13グリッド、乳首の部分までが15グリッド、肩の部分までが17グリッドである [Robins 1993 : 157]。

66 アメンヘテプ3世はアクエンアテンの父であり、ツタンカーメンにとって祖父にあたる。

67 アメンヘテプ3世の治世の人物の各部位のグリッド数は、一般的なものは足裏から膝までが6グリッド、臀部が10グリッド以上、臍が11グリッド以上、上半身の括れ部分が12グリッド、乳頭部分が14グリッド、頸部と肩の接合部が16グリッド、髪の生え際が18グリッドである。頭の生え際から足裏までの全体グリッドに足して、ひざ下から足裏部分は3分の1である [Robins 1993 : 132]。

68 Robins 1993 : 131-132, 151-152.

69 一神崇拝の破棄と、三柱神を最高神へとすることが『ライデン・パピルスⅠ 350番 アメン讃歌』から分かる [杉 他 1978 : 595-609]。

70 野中 2016.

71 Randall-Maciver and Woolley 1911 : 117, photo 41, no. 10915.

72 Grajetzki 2003 : 7-16.

73 野中 2016 : 17.
　　古代エジプトでは、死者が冥界への旅で光が必要であると考えられていた。その ため埋葬時、墓にランプを納めた。ランプの下にトランペットが置かれていたこ とと、オシリス神とトランペットの結びつきから、筆者は来世への旅立ちに備え、 ランプの明かりと、トランペットによる音が必要であるとの仮説を抱いた。

74 玄室東壁、床上から120 cm上に壁龕（ニッチ）が切りとられ、マジックブリク（257） が置かれていた [リーヴス 1993 : 124]。トランペットは玄室南東角から出土したた め、トランペットの「右側（北隣）」に置かれていたことになる。

75 ヒックマン1986 : 122.

76 玄室の王の遺体が安置されていた厨子の周りには、ワイン壺や動物の骨、花束清 めの壺籠、櫂、ランプなどが置かれていた。これらは王の復活の儀式に関する遺 物である。

77 古王国時代の貴重品の記述において、銀製品が金製品より先に記されていること から、その価値は金より高かったと思われる。比較的容易に手に入るようになっ たのは、新王国時代からだといわれている。入手できる銀の量が増えたにもかか わらずツタンカーメン王墓には銀製品のものは少ない。しかし、反して銀があり ふれていたため埋葬品の中に少ないのでは、との見解も一部に存在する [Lucas 2011 : 245-249]。

78 カーター番号 Obj. no. 469

79 カーター番号 Obj. no. 394, 620-37

80 カーター番号 Obj. no. 235b

81 リーヴス 1993 : 332.

82 第18王朝末期からラメセス朝初期にかけて制作されたとされる彫像のアメン神を 表す牡羊の首飾りに、同様のロータス文様が認められる（ベルリン博物館所蔵 inv. no. ÄM 2278）。この時代に流行していた文様か、もしくはアメン神に関わる何ら かの意味があるのか、この点については [野中 2023] を参照されたい。

83 王は足に先天性疾患があることが認められ、歩行に杖を使用していたと指摘され ている [ハワス 2012 : 125]。

84 箱（50）は副葬されてから少なくとも1度、墓泥棒によって開けられた可能性がある。しかしその場合でも、故意に中身を詰め替えたり、他の部屋にまで中身を移動した可能性は低い。

85 Manniche 1976 : 11.

86 野中 2016 : 6.

87 Schäfer 1986 : 21, 40-41.

88 Taylor 1989 : 26-28.

89 もしくは、吹き口を唇の端にくっつけ、おもいきり息を吹き込むという奏法も考えられる。その場合甲高い一音が鳴ると予想する。これは日本のほら貝など、マウスピースが小さい楽器に使われる奏法である。

90 京都市立芸術大学教授津崎実氏にデータをご提供いただくとともにご教示を得た。分析にあたっては、この共鳴の強度の予測は足立整治教授（帝塚山大学）の提供したプログラムを使用して津崎実教授が計算した結果を使用している。

91 これはベルのみ銀製のトランペットは存在するものの、おそらく銀は響きが悪く音が出にくいと考えられる、とのお話しであった（トランペット奏者：米田一幸氏談）。

92 金管楽器の系統は、ホルン系とトランペット系に分かれ、そこからさらにホルン属とコルネット属、及びトランペット属とトロンボーン属に細分される。分類上は4つの属に分類できるが、元来のルーツは同じものであるため、明確に区別することはできない。角笛の円錐管が基本となって発達した楽器をホルン系とし、円筒管に近づいて発達した楽器をトランペット系と仮称している。

その上でホルン系は、現在のフレンチ・ホルンであるホルン属と、現在のコルネット・サクソルン・テューバなどに類するコルネット属に分類される。トランペット系は、ヴァルヴ・システムに代表されるトランペット属と、スライド・システムに代表されるトロンボーン属に分類される。

つまり、楽器形状と演奏状況から判断して楽器は分類されることから、ホルン系かトランペット系か一概に判断するのは難しい。

93 Alexandrescu 2004.

TUT's Trumpets を例に挙げ、楽器の作り方から楽器分類を試みてはどうかとの意見を述べた。

第6章
出土楽器からみたツタンカーメン王墓に関する新解釈

　第3章から第5章にかけて、ツタンカーメン王墓から出土した3種類の楽器に関してさまざまな角度から分析を行った。同王墓出土の楽器に関して個々に論じた先行研究や報告書は存在するものの、これらの楽器を比較検討した研究は行われていない。

　本章では、3種類の楽器から判明した事柄をまとめた上で、ツタンカーメン王墓に関する新たな解釈及び古代エジプト音楽に関して新たな見解を加えたい。

第1節　出土楽器

　ツタンカーメン王墓出土の楽器について分析及び考察を行った結果、3種類の楽器について以下の様に結論づけられた。楽器と判明した事柄に対する一覧表（表1）に基づき、クラッパー、システム、銀製トランペット、銅製トランペットについてまとめ、記す。

（1）クラッパー
　2本のクラッパーは、付属室床上に置かれていた。材質は象牙である。儀式用の用途で使用されていた、非実用品と考えられる。そのため使用痕は認められない。同時代のクラッパーで、アマルナの王の邸宅にあった池の南側の土壌からミニチュアの木棺が出土し、中から亜麻布に包まれた状態で発見され箱に

表1　ツタンカーメン王墓出土の楽器一覧

楽器名	クラッパー	シストラム	銀製トランペット	銅製トランペット
出土位置	付属室	前室	玄室	前室
材質	象牙	木材	銀	銅
非実用品か実用品か	非実用品	非実用品	非実用品	実用品
使用痕	なし	あり	判別不可	あり
関連する神		ハトホル神	オシリス神	
制作された時期	アマルナ時代以前〜アマルナ時代	アマルナ時代	アマルナ時代	断定不可（おそらくアマルナ時代）
所有者	ティイ、後にメリトアテン	メリトアテンもしくはネフェルネフェルウアテン	ツタンカーメン	ツタンカーメン
刻まれた銘文もしくは図像	偉大なる王妃ティイ、生きよ。王の娘、メリトアテン。（追記）	なし	王名ネブケペルウラー/ツタンカーメン（追記）/三柱神（追記）	三柱神（追記）/ツタンカーメン（追追記）
音	単音	単音	単音	単音

入った状態で出土したものが存在する。しかしながら、本クラッパーがどのような神と結びついていたかははっきりしない。周りに置かれていた副葬品も雑多な品が多く、埋葬時に特定の神を意識して副葬したものではないとみられる。刻まれた銘文は珍しい二重カルトゥーシュであり、「偉大なる王妃、ティイ、生きよ。王の娘、メリトアテン」という意味を持つ。最初に「偉大なる王妃、ティイ」が刻まれ、後に「王の娘、メリトアテン」と刻まれた。ティイは、アメンヘテプ3世正妃のティイであり、メリトアテンはアクエンアテンとネフェルティティの娘のメリトアテンである。演奏目的で使用されたクラッパーではないが、奏でる音は「単音」であると予想される。マニケとリーヴスは、クラッパーは片手で2本を握り打ち合わせて使用し、打ち振ることによって音を鳴ら

すと予想した。しかしこの点につき、筆者は、クラッパーは打ち振って演奏するものではなく、日本の拍子木のように、紐でつないだ2本を両手に持ち、裏面を叩き合わせることによって鳴らすと考えた。しかし、繰り返しになるが、材質が象牙であること、サイズが小型であること（長さ15.7 cm、幅 7 -15 cm）から、演奏目的の用途で制作されたとは考えにくい。

（2）シストラム

　シストラムは、前室の雌牛の寝台上に置かれていた。材質は木であり、他のシストラムの材質を鑑みると非常に珍しい。雌牛の寝台上に置かれた理由として、ハトホル女神との関連づけを意識して置いたと考えられる。この点につき、シストラムの柄の形状が八角形である点とハトホル神との関連性も指摘した。シストラムの脇に置かれたウラエウスも、意図して置かれたとみる。ウラエウスは再生の意味を示しており、シストラムの形状のアンク「生命、再生」の意味と一致する。またシストラムの一部を成す横棒がウラエウスと同様に、コブラ型であることも示唆的である。シストラムにハトホル神が付随していない点から、制作時はアマルナ時代であると考えられる。これまで一般的に、シストラムは2本セットで使用すると考えられていたが、1本で所持している壁画が多数存在することから、別々の人物によって1本ずつ使用された可能性がある点を指摘した。ツタンカーメン王ではなく、アマルナの王女が生前、儀式などでレガリアとして使用していたのかもしれない。シストラムを所持して振る度に、シャンシャンという金属音が鳴ると予想されるが、そこに音程はなく「単音」を奏でると予想される。

（3）銀製トランペット

　ツタンカーメン王墓からは、材質が異なる2本のトランペットが出土した。銀製トランペットは、玄室の南東角から出土している。その際、藁状の植物遺体に包まれ、アラバスター製ランプの下に置かれた。付近にオシリス神が奉納されていたことなどから、同神との関連性を指摘した。銀という特殊な材質と、

銀製品が同王墓からほとんど出土していない点を鑑み、演奏目的ではなく儀式
用に制作されたとの見方ができる。

　また誕生名「ネブ・ケペルウ・ラー」は制作時に彫られ、アマルナ時代にト
ランペットが制作されたことが明らかとなった。プタハ神、アメン・ラー神、
ラー・ホルアクティ神の三柱神の図像と即位名「ツタンカーメン」は、後にアメ
ン信仰が復活した際に追記された。

　演奏実験では、現代のマウスピースを使用したことによりファンファーレを
奏でたが、共鳴特性の予想から、おそらく1音もしくは2音しか音は出ず、音
程をつけ旋律を演奏するのは不可能だと思われる。またこの演奏実験が原因で、
銀製トランペットは損傷し、使用痕を判断することは不可能となった。

（4）銅製トランペット

　銅製トランペットは、前室の箱（50）に挿入されていた。吹き口に、使用痕
と見られる傷跡が確認された。図像にはいかなる変更や修正は見られないとの
見方をされてきたが、王は後に追記された。グリットによる分析結果から、ラー・
ホルアクティ神、アメン・ラー神、プタハ神の三柱神はアマルナ時代の後に刻
まれた。王は、さらに一段階後に追加されたことが判明した。アメン・ラー神
が、王にアンク「生命、再生」を差し出す構図となったのは、埋葬されるにあ
たりそのような構図にしたとの見方も可能である。

　また銀製トランペット、銅製トランペット共に木製トランペットが付随して
いた。楽器の変形を防ぐため、またトランペット制作時に楽器の型を取るため、
この本製品を用いていた可能性を指摘したが、描かれたロータスとリシ文様に
も着目した。どちらも再生の意味を持つことから、木製トランペットも非実用
の模型であり、トランペットが壊れても復活できるようロータスとリシ文様が
描かれたと捉えた。

　次項から、検証結果から判明した以上の事柄を踏まえ、3種類の楽器を包括
的に見ていきたい。

第1項　出土位置─非実用品か実用品か

　3種類の楽器は、ツタンカーメン王墓の特定の部屋から出土したわけではなく、異なる部屋から出土した。楽器を安置した場所には意味がある。副葬品としての用途を考慮した上で、楽器と関連した神を意識して置いたと考えられる。

（1）付属室から出土した非実用品の楽器─クラッパー

　まず、クラッパーは投げ棒、ブーメラン等[1]の副葬品と共に付属室床上に置かれていた。しかしながらここで留意しなければならないのは、付属室は墓泥棒によって酷く荒らされた点である。そのためクラッパーが、ツタンカーメン王が埋葬された際、付属室の床上に置かれていたかどうかについては検討の余地があろう。

　はじめに、注目すべきは、投げ棒やブーメランとクラッパーの形状が酷似している点である。よって形状の類似から、同位置に併せて置かれた、との見方ができよう。一連の副葬品の中には、クラッパーと同じく象牙製で金冠を施した非実用的なツタンカーメン王の銘文が記されているブーメラン[2]も出土している。このようなブーメランと共に置かれたことから、このクラッパーも同じく非実用的であるという見方も成り立つのかもしれない。

　次に、クラッパーの銘文にティイとメリトアテンの名が含まれていることから、2人の名に関連し、付属室に置いたとの見方もできる。第3章で述べたようにティイの名が認められる副葬品は宝物庫、前室から1点ずつ出土している。また、メリトアテンの名が認められる副葬品も、宝物庫と前室から出土している。以上の事柄から、ティイ及びメリトアテンの名が刻まれていることと、出土位置には直接の関わりはないと一見推察される。

　しかしながら、墓泥棒が酷く部屋の中を荒らしたことは付属室の状態から明白であり、現段階ではクラッパーが王の埋葬時、付属室に副葬されたと断定はできない。前室から投げ入れた場合、同形状の副葬品と併せて床上に堆積している状況も奇妙である。そのような場合、2本のクラッパーは床上に散乱して

いる状態であろう。したがって、クラッパーは本来付属室の別の位置に置かれていた可能性は否めないものの、王の埋葬時に付属室に納められた可能性は高い、とここでは述べておくにとどめる。

（2）前室・玄室から出土した非実用品の楽器—システラム及び銀製トランペットと関係する神

次に、システラム及び銅製トランペットは、前室の雌牛の寝台上、寝台前の箱から出土している。システラムは、第4章で出土位置を詳しく検討した結果、ハトホル神との関連づけを意識したことから、前室の雌牛の寝台上に置かれたと結論づけられた。また、第3章及び第4章の考察から、システラムとクラッパーは非実用品であると推測される。

そして、銀製トランペットは、玄室の南東角から出土している。これはオシリス神との関連づけを意識し、玄室には葬送儀礼に関する副葬品が納められているため、銀製トランペットもその様な品の類であるとの結論に至った。

（3）前室から出土した実用品の楽器—銅製トランペット

一方、銅製トランペットは、第5章で出土位置を検討した結果、実用品である副葬品と併せて箱に挿入されていたことから、3種類の楽器の中では唯一、王の生前使用した実用品であると推察するに至った。さらには、副葬品とする際に、ベル部分の図像に王像が追記された。この点につき、副葬時に図像が追記されたことを鑑みると、副葬品の中でも銅製トランペットが重要な位置づけであったことが推察される。王にとってトランペットは来世でも必要な実用品であった、との仮説も成り立つのかもしれない。

結果として、クラッパー、システラム、銀製トランペットは非実用品であり、システラムと銀製トランペットは埋葬儀式及び葬送儀礼に使用された品と考えられる。

第2項　使用痕の有無

　これは、楽器の使用痕からも裏付けられよう。3種類の楽器を王の生前に実用的に使用していたと仮定するならば、楽器には相応の使用痕が認められる筈である。

　この点に注目すると、クラッパーには打ち叩いた痕跡はなく、シストラムに残る使用痕も金属片がわずかに内部に振れた程度である。銀製トランペットは、吹き口が確認できておらず、加えて後世に行った実験により傷がついたことは既に指摘されている[3]。このため、古代に使用していたかどうかを、遺物から判断することは不可能である。しかしながら、第5章で述べたように、音響学の観点から判断すると、銀製トランペットは響きが悪く、現代でも一般に普及していないことをここで指摘しておく。つまり、振動させて大きな音を奏することを目的としたトランペットを、わざわざ銀で制作するとは考えにくい。

　対して、銅製トランペットは、吹き口にある程度の使用痕が認められた。そのため、使用されていたことが裏付けられる。この事実からも、王が銅製トランペットを実用品として使用していたことが推察される。

第3項　所有者

　3種類の楽器には、ある程度の共通点も見られる。ツタンカーメン王墓から出土した副葬品ではあるが、大半は生前ツタンカーメン王が所持していた楽器ではないことが、判明した。クラッパー、シストラム共に本来同王が所持した品ではない。クラッパーはツタンカーメン王の祖母ティイと、異母姉メリトアテンの名が、二重カルトゥーシュという珍しい形式で刻まれていた。第3章の検証から、ティイが所持していた品をメリトアテンに下賜したため、本来刻んであった銘文にメリトアテン名を追記したと筆者は捉えている。

第4項　追記された銘文

　この点につき、クラッパー、両トランペットの銘文及び図像に追記が施された形跡が見られる。クラッパーは、上述した通りティイの名に、メリトアテンの名が追記された。銀製トランペットの三柱神の図像は、アマルナ時代の後、ツタンカーメン王名と共に追記された。銅製トランペットも、はじめに三柱神の図像が追加された後に、王の図像が追記された。

第5項　制作時期

　クラッパーは、アクエンアテン王の母ティイが所持した点を考慮すると、アマルナ時代以前からアマルナ時代にかけて制作されたと考えられる。ただしティイの在位は長く、アマルナに遷都した後も存在が知られている。よってその際に使用したと仮定するならば、アマルナ時代に制作されたと考えても不自然ではない。

　シストラムは、その形状から判断するに、アマルナ時代に制作されたとみて間違いない。

　銀製トランペットは図像の分析により、アマルナ時代に制作されたとみて間違いないが、銅製トランペットに関しては、断定はできない。しかしながら、ツタンカーメン王が行った宗教復古の際、トランペットに三柱神の図像が追記された事実は検証により明らかである。それ以前に制作されたことを踏まえると、アマルナ時代である可能性は高いと言えよう。

第6項　材質

　楽器の材質に注目すると、クラッパーは象牙、シストラムは木材、トランペットは銀、銅である。

　銅は当時ありふれた品であると捉えられるが、象牙、木材、銀は当時のエジプトでは貴重な材質であると考えられる。クラッパーとシストラムは、生前ツタンカーメン王が所持した品ではないが、材質を鑑みても王族の所持した品で

あったのは間違いない。また対して銅はありふれていたため、日用品として使用していたのかもしれない。しかしながら、2本のトランペットは木製のトランペットが付随していた。この点につき、木製トランペットも非実用の模型、おそらくはトランペットの変形を防ぐための型持たせ用で、ロータス及びリシ文様が意図的に描かれた、貴重な品であったと捉えられる。

第 2 節　ツタンカーメン王墓の新解釈

第 1 項　再利用された楽器の意味

　シストラムとクラッパーは、女性が所持した楽器である。これら2点の楽器が、本来ツタンカーメン王所有の品ではないにもかかわらず、王の副葬品とされたことは、特筆すべき点であろう。これまでの研究でも、ツタンカーメン王墓副葬品の中で、スメンクカーラー王やネフェルネフェルウアテン女王といった、他王のための副葬品が再利用されている点は指摘されてきた。シストラムとクラッパーは、同様の類の品であることが判明した。そして2点とも、ネフェルネフェルウアテン女王もしくはメリトアテンの品である可能性が高い点も指摘しておく。ツタンカーメン王の前に即位した女王であるネフェルネフェルウアテンが、メリトアテンと同一であるという学説は従来から唱えられてきた。しかしながら、現段階ではそのように推察する材料は乏しい。シストラムとクラッパーは、この比定の一助となる可能性があることをここでは提示したい。

第 2 項　再利用された副葬品

　シストラム及びクラッパーと同様に、他王族の品が再利用されている点は、既に何度も指摘した。カーターはこのような品を、「伝来の品」として取り扱った。
　表2は、ツタンカーメン王墓出土の副葬品の中で、そのような「伝来の品」と考えられる品の一覧である。

表2　ツタンカーメン王墓出土の「伝来の品」一覧

番号	カーター番号	副葬品　種類	名前	発見場所
①	1a	スカラベ	トトメス3世	入リ口の階段
②	1k	箱	アクエンアテン	入リ口の階段
			ネフェルネフェルウアテン	
			メリトアテン	
③	12n+79+574	箱	ネフェルネフェルウアテン	入リ口の階段
			メリトアテン〈再銘文〉	及び前室
④	44p	模型の斧	アメンヘテプ3世、ティイ	前室
⑤	46gg	貨幣型装飾品	アンクケペルウラー〈再銘文〉	前室
			メリトアテン	
⑥	48h	弓	アンクケペルウラー〈再銘文〉	前室
⑦	54hh	箱の蓋	ネフェルネフェルウラー	前室床
⑧	101s	亜麻布製ショール	アンクケペルウラー	前室
⑨	256a	スカラベの鎖	アンクケペルウラー〈再利用〉	玄室
⑩	261a	アヌビス神を覆っていたショール	アクエンアテン	宝物庫
⑪	261j	胸飾り	〈再銘文〉、アクエンアテン、スメンクカーラー、ネフェルネフェルウアテン？	宝物庫
⑫	261o	胸飾り		宝物庫
⑬	261p（1）（2）	胸飾り		宝物庫
⑭	262	パレット	ネフェルティティ	宝物庫
			メリトアテン	
⑮	番号なし	象牙製パレット	メケトアテン、メリトアテン	おそらく宝物庫
⑯	266g	内臓用小型棺	〈再銘文〉、ネフェルネフェルウアテン？	宝物庫
⑰	281a	マム神を覆っていたショール	アクエンアテン	宝物庫
⑱	320d	毛根の入ったミニチュア棺	ティイ	宝物庫

⑲	318.322.325	シャブティ	女性のもの　ネフェルネフェルウアテン女王のものか？	宝物庫
⑳	333	むちの柄	トトメス	付属室
㉑	404	方解石容器	トトメス 3 世	付属室
㉒	405	方解石容器	アメンヘテプ 3 世（?）、？	付属室
㉓	410	方解石容器	トトメス 3 世	付属室
㉔	448	方解石容器	アメンヘテプ 3 世（?）、？	付属室
㉕	483	方解石容器	アメンヘテプ 3 世	付属室
㉖	585u	ガラス製マンドラゴラの果実	トトメス 3 世	付属室
㉗	588	方解石容器	アメンヘテプ 3 世、ティイ	付属室
㉘	596a	扇	アクエンアテン	付属室
㉙	620-13	クラッパー	メリトアテン、ティイ	付属室
㉚	620-40	ファイアンス製飾輪	アクエンアテン	付属室
㉛	620-41	ファイアンス製飾輪	ネフェルネフェルウアテン	付属室
㉜	620-42	ファイアンス製飾輪	ネフェルネフェルウアテン	付属室

　①-③の品は、入り口の階段から出土したという事柄から、墓泥棒が移動させたと考えられるため、副葬された際の位置は断定できない。⑦も、同様に前室床で蓋部分のみ出土した。③、⑥は、第 4 章での検証結果から、埋葬時の位置から移動している点は明らかである。その点につき、④も墓泥棒たちが荒らした品々が混入された箱に挿入されていたため、本来の位置は明らかではない。よって①-④、⑥、⑦の品は本来どこに副葬されていたかは、はっきりしない。

　⑤は朽ち果てた洋服タンス（46）から見つかり、かつては衣服に付随していた、とみられる[4]。⑧も、他の亜麻布と箱（101）に挿入されていることから、⑤と⑧は服飾品の一部として副葬されたのであろう。

⑨は、著名なツタンカーメン王の黄金のマスクの一部分に使用されている。

⑩-⑲に関しては、宝物庫に納められた品である。注目すべきは、アマルナ王族の品が、ほぼ同位置に位置する点である。アクエンアテン、ネフェルティティ、メリトアテンに関する品が、担ぎ棒が付随したアヌビスが載った金箔の厨子（261）の周りに集中して置かれていた。厨子全体には上から⑩のアクエンアテン王治世のショールがかけられていた点も示唆的である。

⑪、⑫、⑬の胸飾りに関しては、カルトゥーシュ内部の王名が書き直されているため、本来誰の名が刻まれていたのかは不明であるが、アクエンアテン、スメンクカーラー、もしくはネフェルネフェルウアテンの品であったとみられる。

⑯の小型棺は本来刻まれていた名の痕跡よりネフェルネフェルウアテンの品であることが確認されており、カノポス容器自体も本来ツタンカーメンのために用意された品ではないと推察される。

アクエンアテンとネフェルティティの娘、メケトアテンの⑮のパレットにカーター番号は付けられていない。この品は、現在メトロポリタン博物館に所蔵されている[5]。カーターの副葬品リストには存在しないが、⑭と共に写る写真が確認された。そのため、おそらくは同じ場所に納められていたと推察される。血縁関係が近い人物たちの品が同じ場所に副葬されたのは、おそらくそのような意図があって置かれたのであろう。アクエンアテンと妻ネフェルティティ、その娘のメリトアテン、メケトアテンの親子に関係する品を一箇所にまとめて納めたとみる。

リーヴスは、ある名前（ネフェルティティとキヤ）が書かれた品はない（出土していない）ことはとりわけ心を打つ、と述べ、アンク・ケペルウ・ラーの即位名であるスメンクカーラー・ジュセル・ケペルウの名を記したものは1つも存在していないことを指摘している[6]。

検証の結果、ネフェルティティの名がついた品は1点確認されているが、キヤの名が記された品は出土していない。またネフェルティティの名が記された

パレットは、メリトアテンの名も同様に記されている。つまり、ネフェルティティ1人の名が記された品は、王墓から1点も出土していない。この事柄は、どのようなことを意図するのだろうか。ネフェルティティの埋葬された墓が存在し、副葬品は未だその墓に納められているのであろうか。この点は、あくまで推測の域を出ない。またネフェルネフェルウアァン女王がネフェルティティと同一人物であると考えた場合、ネフェルネフェルウアテン女王の副葬品は何点も王墓より出土している。

　⑱は、ツタンカーメン王の子供のミイラと共に納められていた。王の祖母の毛根と、子供が近い位置に納められたのは、同様の意味合い持つ故人の遺品と捉えたのであろうか。血縁関係のある人々の遺体と、遺体の一部を近い位置に納めたと考えられる。

　⑳-㉜に関しては、付属室に納められた品である。注目すべきは、アマルナ王族以前の王族、トトメス、アメンヘテプ3世、ティイに関する品が付属室には納められている点である。表3は、そのような類の副葬品の内訳である。

表3　ツタンカーメン王以前の王族に関する副葬品の内訳

	アマルナ以前の王族に関する品	アマルナ王族に関する品	合計
付属室	10点	3点	13点
宝物庫	1点	11点	12点

　表3から、その個数には圧倒的に偏りがあることが分かる。リーヴスは、「伝来の品」は他の王の倉庫から得られた寄せ集め、とした。ツタンカーメン王がなぜ、他王族の品を自身の副葬品に流用したのかに関しては、未だ解明していない。しかしながら、少なくとも筆者にはこのような品が副葬された位置には、何らかの意図があるように捉えられる。この点を踏まえ、次項から、王墓の各部屋の機能を検証したい。

第3項　各部屋の機能

　第1節において、出土楽器の相違点を述べた。その上で、楽器は異なる部屋から出土していること、使用痕、楽器と関連する神と出土位置への関連性などの見解を明らかにした。前項では、王墓から出土したツタンカーメン王以外の副葬品を考察した。

　以上の点を鑑みた上で、ツタンカーメン王墓に関して新たな解釈を提示したい。最初に、（わずかではあるが）使用痕が認められるシストラムと、銅製トランペットは前室に埋葬された。対して、使用痕が認められないクラッパーは、付属室に埋葬された。前述したように、銀製トランペットの使用痕を判定するのは不可能であった。

（1）付属室の役割

　第一に、使用痕が認められないクラッパーが付属室に埋葬された事に着目したい。付属室は、ツタンカーメン王墓において、前室の奥に位置している。よって、埋葬を行うにあたり、前室に副葬品を納めるより前に付属室の埋葬を終えなければならない。葬送儀礼及び埋葬儀式を行う段階では、付属室にある副葬品は既に埋葬を終えていなければならないため、クラッパーは、そのような儀式や儀礼において使用された楽器ではないと捉えられる。クラッパーは、葬送時に演奏されている描写が、貴族墓の壁画に見られた。しかしながら、ツタンカーメン王墓のクラッパーは葬送時に演奏されたものではないことが分かる。

　前述したように、クラッパーは、ツタンカーメン王所有の楽器ではなく、他の人物が所有した楽器である。加えて、アマルナ時代の品であることも、分析により明らかとなった。このように、ツタンカーメン王の治世より前に使用されていた品及び同王所有の品ではない副葬品を、付属室は納める部屋であったとは考えられないだろうか。

　リーヴスは、この付属室について「付属室はツタンカーメンと共に埋葬された香油、軟膏、食べ物、ワインなどの貯蔵室として作られたものである。しか

し、その狭さと副葬品が納められた当時の混乱のため、その一部が前室にまで
はみだしていた（王の箱詰めにされた肉類など）。また同時に、ベッド、椅子、
シャブティ像など本来スペースが許せば、前室か宝庫に納められるはずの品々
が、付属室には納められていた。」[7]と述べた。またカーターはこの部屋を一般
的な規模の墓における側室にあたるものと解釈している。

　付属室は、状態こそ悪いものの、納められた副葬品を鑑みると、王の幼少期
に使用された品が多く見られる。第2項で述べたように、アクエンアテン王と
アテン後期名のカルトゥーシュが施された副葬品（㉘）も付属室に納められた。
またアメンヘテプ3世時代の水差し及び容器（㉒、㉔、㉕、㉗）、トトメス3
世時代の容器（㉑、㉓）は、すべて付属室から出土している。

　以上の事例を鑑みると、付属室は、（儀礼に使用する類の副葬品ではなく）
ツタンカーメン王が幼少期のアマルナ時代の品、及びアマルナ以前の副葬品を
埋葬する部屋との認識が成り立つのではないだろうか。

　しかしながら、本書で何度も繰り返したように付属室は酷く荒らされており、
本来前室に副葬された品が投げ込まれている、もしくは逆に本来付属室に副葬
された品が前室に紛れている可能性もあり、その点は非常に慎重にならねばな
らない。

　リーヴスはシャブティに関して、本来前室と宝物庫に納められるはずの品々、
と述べた。しかしながら筆者はリーヴスと逆に、シャブティは副葬時から付属
室に納めるべき品であったとみる。表4は、ツタンカーメン王墓出土のシャブ

表4　ツタンカーメン王墓出土のシャブティ数

場所	シャブティ　個数
前室	1体
付属室	236体
玄室	0
宝物庫	176体
	計413体

ティ数一覧である。

　前室にあった１体のシャブティは、おそらく付属室から紛れ込んだものであるとリーヴスは指摘している。シャブティは死者の代理として冥界で働くもの、王にとってはいわば冥界における召使である。「冥界につれていくもの」を納める部屋として、付属室と宝物庫は機能していたのではないだろうか。そのため、冥界に連れていく召使のシャブティは本来付属室に納めるべき品であると考えられる。宝物庫に納められているシャブティは、役割が異なるとの見解を抱いているが、この点につき、④宝物庫の役割について述べる際後述する。では、前室は一体どのような副葬品が納められていたのだろうか。

（２）前室の持つ役割

　まず、前室から出土した使用痕が認められる銅製トランペットとシストラムに、着目したい。銅製トランペットは実用品として、王が生前使用していた。そのため、同じく使用していた弓や杖と一緒に箱の中に挿入され、儀式用寝台の前に置かれた。繰り返し述べているように、前室には王が生前日用品として使用していた類の副葬品が納められていた。その点は、食料や生前使用していた椅子などが納められたことからも明らかである。前室は、そのような日用品に加え、儀式の際に使用する類の副葬品を納める部屋であったとも考えられる。

　一方、儀式で使用されたと考えられるシストラムは、当初の埋葬位置は断定できないが、ハトホル神を意識して寝台上に置かれた。第４章で筆者は、儀式で使用した副葬品は、それぞれの神に関係する位置に置かれた、との仮説を提示した。これは、シストラムがハトホル神を意識して雌牛の寝台に置かれた様に、ライオンの寝台にはアケル神、カバの寝台にはアメミト神などの神を意識して副葬品を置いたのではないか、という見解である。その点に着目し、前室の副葬品を鑑みると、儀式に使用するランプや弓などは、３台の寝台に関連する神を意識し配置されている。寝台前に置かれた戦車は、王が生前パレードで実際に使用したと考えられている。

　よって、前室は、日用品と埋葬儀式及び葬送儀礼に使用される副葬品の類が

埋葬される部屋であり、副葬品は関連する神を意識した位置に置かれた、という認識が成り立つのではないだろうか。

　葬送儀礼及び埋葬儀式に使用した楽器として、シストラムは前室、銀製トランペットは玄室に置かれた。ただしシストラムは寝台上の状況から、実際の儀式に使用した後にその場に置いたかどうかは、可能性は高いものの、断定はできない。

　しかし、中王国時代の文学「シヌへの物語」には以下のような場面が描かれた。

　「埋葬の日、汝のため葬列が催されん。黄金のミイラおおい、（その）
　　頭部はラピスラズリにて、汝の上には天（があり）、汝はそりにすえ
　　られ、雌牛がひき、歌い手たちはその前にあらん。ムーの踊りが墓の
　　入り口にてなされ、汝のため供物リストがよみあげられ、供物台のそ
　　ばにて犠牲が殺され、王の子たちの墓地の中に、汝の柱が白い石より
　　切り出されん。」[8]

　この記述からも、葬送儀礼や埋葬儀式には「雌牛」に関する事柄が読み取れる。歌い手たちが、シストラムを所持した可能性もあろう。この点につき、繰り返しになるが葬送儀礼及び埋葬儀式に、雌牛の神であるハトホルに関係の深いシストラムが使用された可能性は高いだろう。

（3）玄室の持つ役割

　では、銀製トランペットはどうであろうか。出土位置を鑑みると、トランペットは玄室入り口に一番近い、南東角に置かれていた。加えて、銀製トランペットの上にはアラバスター製ランプ[9]が位置していた。さらに、東方向の横にアラバスター製ランプ[10]、樹脂で磨いた木製のガチョウ[11]と非常に状態の悪いパピルス製の箱[12]、ワイン壺[13]が置かれた。両ランプには、オイルの痕跡が残存し、使用痕が認められた[14]。よって実際の埋葬儀式の際に、ランプが灯された可能

性が高い。しかしながら、銀製トランペットは使用痕が確認できないため、その点からの判断は難しい。トランペットも演奏した後に、置かれたのかもしれないが、藁状の植物遺体に包まれた状態で出土した点は注目すべきであろう。玄室を閉じる際、つまり埋葬儀式を行った際に、演奏したと仮定した場合、演奏した後に藁状の植物遺体に包んだと予想される。可能性がないとはい言い切れないが、植物が乏しいエジプトでは考えにくいのではないだろうか。しかし、この点は推測の域を出ない。

　また、再生復活に関わる儀式に使用されたとみられる木製のガチョウが置かれていた。この点につき、銀製トランペットに挿入されていた木製トランペットに、再生復活を意図するリシ文様が刻まれていたことも、示唆的である。

　次に、宝物庫の前に置かれた松明[15]の呪文には「私はオシリス神となった死者を保護するためにある。」[16]との記述が認められた。この内容から、王はオシリス神となるとの見解を古代エジプト人が抱いていたことが読み取れる。玄室の壁、東西南北に設置されたマジック・ブリックにおいても「いかなる形で現れようとも、オシリス（死者）の敵を退ける」との呪文が記されてあったことも示唆的である[17]。カーターは玄室の副葬品を以下の様に述べた。

　「墓の中にあるシンボルのあるものが、何を意味しているのか、今日いろいろと推理されているが、私たちにとって意味が分からないと同様に、古代テーベの人間にとっても、ほとんど意味の分からなかったのかもしれない。これらのシンボルを墓に納めた理由を、古代人が私たちに説明できるかどうか疑わしい。ツタンカーメンの時代より以前に忘れられ、その使用理由が忘れられた後も、因襲によって死者の冥福のために必要と考えられたに違いない。あの世の闇の力に対抗して打ち勝つための、これら伝統的副葬品のほか、墓とその持ち主を守るため『死者の書』にしるされた儀式次第どおり、壁の四方、東西南北を向いて、漆喰に固められて龕のなかに呪術の像がおかれてあった」[18]。

　カーターは、王家の谷の他王墓と比較してツタンカーメン王墓には一致する点はほぼなく、この玄室のみが「黄金の間にふさわしい」と表現している。金色に塗られ、壁龕に東西南北の基本方位を納めていることが共通している、と述べた[19]。

　トランペットは、オシリス神に関係すると筆者は見解を示したが、玄室に納められた副葬品の類は、オシリス神に関連する副葬品であり、王の再生復活に関わる副葬品であるとの仮説をここでは提示したい。

　表5は、ツタンカーメン王墓から出土した、王の再生復活の儀式に関わる呪術的副葬品一覧である。付属室から発見された厨子（487）は、前室から投げ入れられた可能性も高く、副葬時はどこに位置していたかはっきりしない。宝物庫から出土した品は、シャブティに関連する副葬品であるため、シャブティと共に宝物庫に納めた、と捉えられる。よって、王の再生復活儀式に関わる呪術的副葬品は、ほぼ玄室から出土していることが分かる。以上の事柄から、王の復活の儀式、オシリス神に関わる呪術的副葬品に関わるものは玄室に納められている、と捉えられる。

　玄室では、トランペット以外の楽器は納められていない。古代エジプトでは、オシリス神が葬られている場所やオシリス神を祀る場所では、リラやリュート、オーボエやタンバリンなどの楽器は禁止されていたという説も存在する[20]。この点につき、オシリス神に関わる楽器は、トランペットのみとの思想が存在し、その他の楽器が玄室に納められていないという結果に反映されたのかもしれない。

（4）宝物庫の持つ役割

　宝物庫からは、システラムを所持するイヒ神像は出土しているものの、楽器そのものは出土していない。宝物庫についてリーヴスは「副葬品から判断して、この部屋は普通の規模の墓のクリプトに相当する。ここにはカノポス厨子が納められ、他にアヌビスの厨子、そして葬送にまつわる呪術的像や模型の数々が納められていた。」と述べた。宝物庫には、王のカノポス壺、アヌビス神像な

表5　ツタンカーメン王墓出土の呪術的副葬品一覧

カーター番号	呪術的副葬品	発見場所
181	ニス塗りの2つの塔門の間のヘス形容器	玄室
182-92	木製櫂	玄室
193	ニス塗りの2つの厨子のあいだのペセシュ・カフの象徴、樹脂とナトロンがおさめられていた	玄室
194	アヌビスの呪物	玄室
196	模型の「レス」のヒエログリフ	玄室
198a	196、199－201のための粘土容器	玄室
199-201	模型の「レス」のヒエログリフ	玄室
202	アヌビスの呪物	玄室
212	ヤシの葉肋	玄室
215	ヤシの葉肋	玄室
250	ジェド柱	玄室
257	「マジックブリック」とオシリス神像	玄室
258	「マジックブリック」とアヌビス神像	玄室
259	「マジックブリック」とシャブティに似た像	玄室
260	「マジックブリック」とジェド柱	玄室
261e（2）（3）	ファイアンス製前脚	宝物庫
261f（1）	木製のシャブティに似た像	宝物庫
261f（2）（3）	ファイアンス製前脚	宝物庫
261f(4)+261f(7)	ファイアンス製ホルス神像	宝物庫
261f（5）	木製のシャブティに似た像	宝物庫
261f（6）	ファイアンス製パピルス笏	宝物庫
261g（29）	ファイアンス製トト神像	宝物庫
263	「マジックブリック」と葦の松明	宝物庫
288a	オシリスのベッド	宝物庫
367q-r	33個のファイアンス製前脚	宝物庫
487	細長い木製厨子	付属室

どが置かれた。ハトホルを示す金張りの牛の頭像もあったが、この点につき河合は、これらの像は冥界の象徴であるとしている[21]。

　この部屋には、ツタンカーメン王の子供のミイラも納められていた。さらに、祖母の毛根も出土したことから、同王が自分と共に冥界に連れていく、冥界に所持する品、といったような概念を持つ品を納める部屋ではないだろうか。その点につき、①の付属室での役割でふれたように、冥界での召使であるシャブティがこの部屋に納められていた点は示唆的である。宝物庫と付属室に納められたシャブティはおそらく違う意味合いを持つと推察されるが、これは推察の域を出ない。しかしながら、宝物庫に納められたシャブティの中には、明らかに本来女性像として作られたものが混じる[22]。おそらく、ネフェルネフェルウアテン女王のものと予想されるが、宝物庫から出土している点は興味深い。

　第2項で述べたように、アマルナ王族に関する多くの副葬品はこの宝物庫から出土している。この点も、冥界に故人の王族たちを共に王が導く、といった意味合いをこめ、この部屋に副葬したのではないだろうか。

　その際には、舟の存在も忘れてはならない。古代エジプトでは冥界での移動手段として「舟」の存在は欠かせないものであった。ツタンカーメン王墓からは35隻の船が出土している。そのうち、儀式用の舟である「月の舟」と「太陽の舟」はすべて宝物庫から出土している。対して、川を航行するための舟、つまり古代エジプトで日常的に使用していた類の舟は付属室から出土していることは、示唆的である。

　また表6は、ツタンカーメン王墓出土の儀式用の王像一覧であるが、儀式用の王像はすべて宝物庫から出土している。

表6　ツタンカーメン王墓出土の儀式用王像

カーター番号	王の像　種類	発見場所
275b,275d,296b	歩く姿	宝物庫
275c,275e	銛を打つ姿	宝物庫
289a,289b	豹に乗る姿	宝物庫

表7　ツタンカーメン王墓出土の神々の像

カーター番号	神々の像　種類	発見場所
37a,38b	ヘビの標章	前室
176	カモ	玄室
290a	アトゥム神	宝物庫
302a,304b	ドゥアムトエフ神	宝物庫
299a	ゲブ神	宝物庫
283c	ゲメヘスの隼	宝物庫
301a	ハピ神	宝物庫
293a	ハロエリス神	宝物庫
298a	レトポリスのホルス神	宝物庫
275a,289c	イヒ神	宝物庫
280a	イムセティ神	宝物庫
295a	イシス女神	宝物庫
297a	ケペリウ神	宝物庫
281a	マムウ神	宝物庫
296a	メンケレト神	宝物庫
305a	ネフティス神	宝物庫
283a	ネチェルアンクの蛇	宝物庫
291a	プタハ神	宝物庫
304a	ケベフセヌエフ神	宝物庫
300a	セクメト女神	宝物庫
294a	センデト女神	宝物庫
37a,38b	ヘビの標章	宝物庫
282a	シュー神	宝物庫
283b	セプド神	宝物庫
303a	タタ神	宝物庫
292a	タテネン神	宝物庫

　289bの像は、胸のふくらみや臀部の位置が低いことからリーヴスは、像のモデルは女性であったことを記している。289bも宝物庫に納められた他のアマルナ王族と同様の品であろうか。続いて、表7はツタンカーメン王墓出土の神々の像一覧である。

　281aの像がアクエンアテンの治世の亜麻布をまとっていた点は、この像の年代を示唆するのならば、これらの像は本来アクエンアテンのために用意されていたのではないか、とリーヴスは仮説を立てた。この点も、アマルナ王族の品が宝物庫に埋葬されている点と一致する。

　さらにこのように多くの神々の像が宝物庫から出土している点は、冥界にいる多くの神々を私たちに連想させる。カーターは、これらの神々の像に関しては以下の様に述べる。

　　「これらの芸術的とはいえない不思議な神々の像は、死にまつわる神話
　　　や信仰、儀式そして慣習を知るために貴重な資料となっている。彼ら
　　　が善あるいは悪を潜在的にもち、それぞれに固有の何らかの呪術的な
　　　力をもっていることは明確であるが、この墓において彼らがもつ正確
　　　な意味はわれわれには明らかにされていない。」[23]

　しかしながら、宝物庫から楽器が1点も出土していない点は、冥界において必要な楽器、すなわち冥界で演奏する楽器は当時存在していなかったのであろうか。システラムを所持するイヒ神像は認められたが、楽器そのものは1点も出土していない。この点につき、次節で詳しく後述する。

第4項　他王墓に描かれた図像表現との比較

（1）セティ2世王墓に描かれたシストラムを持つ少年

　システラムは、同楽器を所持するイヒ神像の描写が、後のセティ2世王墓（KV15）において見られる。図1は、王墓の第一列柱室に入る前のシャフト、井戸の間と呼ばれる部屋における描写である。イヒ神は、ハトホル女神の息子で、

図1　セティ２世王墓に描かれたイヒ神
（四角で示した部分が該当部分）
[筆者撮影]

システムを演奏する姿に象徴される神であり、髪を横に垂らした子供として
表現された。第５章において、ツタンカーメン王墓出土のシストラムを所持す
る２体のイヒ神像は、文献によっては「イヒ神の姿のツタンカーメン」もしく
は「ツタンカーメン王の立像」といった記述が見られ、王として誤って記され
ている旨を指摘した。

　同様にセティ２世王墓のイヒ神の描写も、文献によっては「裸の子供姿で表
された、シストラムを所持するセティ王」と記されることもある[24]。はたして
この描写は、セティ王かイヒ神、どちらを描いたとするのが正しいのだろうか。

　あくまで仮説の域を出ないものの、王家の谷において、他にイヒ神の類例が
存在していなかったため、若き日のセティ王と判断されたものと推察する[25]。
しかしながら、上述したように、ツタンカーメン王墓からシストラムを所持す
るイヒ神像が出土したことから、セティ２世王墓の描写は同王ではなく、イヒ
神との解釈が成り立つのではないだろうか。さらに図１を見ると、セティ２世
王墓のイヒ神は、２体が上下並行して描かれている。これは、ツタンカーメン
王墓から出土したイヒ神像の個数と一致する。この事実に加えて、壁画には、

セティ2世王名を示すカルトゥーシュを描くスペースが十分に存在しているにもかかわらず、王名は描かれていない。仮に、若き日のセティ王が描写されていたとすれば、そこには王名が描かれている可能性が高いのではないだろうか[26]。

またツタンカーメン王墓のイヒ神像は、宝物庫から出土した厨子の中に納めてあった。図1は井戸の間に描かれたが、シャフトは彫られた形跡がない。その先の埋葬室は、慌てて通路を改装して、埋葬室としたように見受けられる[27]。オシリスの厨子が描かれた第一列柱室の前に描かれたイヒ神像及び神々たちの像は、本来宝物庫に納められるべき副葬品を描いたのではないだろうか。

王家の谷において、すべての墓は古代の侵入者によって荒らされている。そのため、他にシストラムが出土した墓は、イウヤとチュウヤの墓のみである[28]。しかしながら、他の墓でも本来何らかの形でシストラムは副葬されていた可能性を、ここでは指摘しておきたい。

（2）ラムセス3世王墓に描かれた盲目のハープ奏者

次に、ツタンカーメン王墓からは出土していない楽器が描かれた重要な音楽図像が他王墓に見られる。

ツタンカーメン王死後、新王国時代後期（第19-20王朝）の貴族墓では、日常的な場面が墓に描かれることは減少していき、古王国時代の墓にみる宴会場面は消失した。代わりに、独奏者としてハープ奏者及びその詩の描写が描かれるようになる点は、先行研究で既に指摘されている[29]。王墓では、ラムセス3世墓にハープ独奏者が描写されていた（図2）。ラムセス3世（前1186-前1155年）の父セトネケトによって切り出された部分である、第3通路の前に位置する副室に描かれていた。このハープ奏者に関して、ジェームズ・ブルースは以下の様に述べる。

「これらの壁画を目の前にして私は文字通りその場に釘付けになり、一歩も進むことができなかった。パネルのひとつには床に散らばった楽

図2　ラムセス３世王墓に描かれたハープ奏者
[筆者撮影]

器の数々が描かれていた。それに続く三枚のパネルには三台のハープ
が描かれていたが、その美しさはまさに千金に値するものであった[30]。」

　このハープ奏者の描写は、現在損傷が激しい。また、ジェームズの発言を裏
付ける物的証拠は、存在していない。しかしながら、彼の発言が事実ならば、
ラムセス３世王墓にはハープが納められていたことになる。
　貴族墓及びラムセス３世王墓を鑑みると、第18王朝から墓における独奏ハー
プ奏者の描写は継続していたことが窺える。その中で、ツタンカーメン王墓か
らは、ハープが出土していない。この事実は一体何を意味するのであろうか。

第３節　アマルナ時代の音楽に関する新解釈

第１項　出土楽器に共通する音

　続いて、３種類の楽器の共通点として、楽器の「音」に着目したい。ハープ
は、複音を奏でる楽器（複音楽器）である。対して、これら３種類の楽器は単

音を奏でる楽器（単音楽器）である。

　クラッパーは、打ち叩いた形跡は見られないが、演奏することを想定した場合、単音を奏でる。システラムは振ると、単音を奏でる。また、トランペットは一部の検証結果からファンファーレを演奏することが可能であると従来述べられていたが、第5章の音響学のシミュレーション結果からはほぼ不可能であり、単音を奏でる、との結論に至った。

　これらのことから、3種類とも単音楽器である、という判断に至る。つまり、ツタンカーメン王墓には、旋律を演奏することが不可能な楽器のみが納められていたということになる。これには、何か意図があるのだろうか。

第2項　王墓から出土しない楽器類

　次に、重要な事案を呈したい。弦楽器が、ツタンカーメン王墓からは1点も出土していない。弦楽器の1つであるハープに関しては、第1章で述べたように「盲目のハープ弾き」及び「ハープ弾きの歌」が、新王国時代後期の多くの貴族墓壁画に描かれている。このような表現は、ツタンカーメン王治世よりも以前、第18王朝初期から出現しており、多くの研究対象となってきた[31]。「ハープ弾きの歌」は、現世や来世の生命をテーマとして扱っており、主として故人の来世の繁栄を願う内容の詩とハープ奏者が墓の壁画に描かれている。つまり、古代エジプト音楽においてハープは埋葬や墓に必要不可欠な楽器として、捉えられてきたといっても過言ではない。

　また、貴族墓からは、ミニチュアのハープの遺物が出土していることも既に指摘されている[32]。加えて、先に述べたようにやや時代は下るが王墓ではラムセス3世王墓（KV11）の「盲目のハープ弾き」は著名である。

　同時代の貴族墓や王墓の壁画と比較した際に、ツタンカーメン王墓からハープが出土していない点は注目に値しよう。

　ここで留意しなければならないのは、ツタンカーメン王の在位期間にアマルナ時代が介在する点である。本書では何度も繰り返してきたが、従来までの古代エジプトのさまざまな事柄や慣習が一変したことは、音楽にも影響を及ぼし

た。ではアマルナ時代に、弦楽器は存在しなかったのであろうか。第1章で述べたように、ボート型ハープ、角型ハープ、大型リラを演奏している楽師たちがアマルナの王宮に存在していたことは、先行研究において指摘されている。貴族墓に描かれた図像から推察するに、神殿でも盲目の楽師がハープを演奏していた。

　マニケはこれらの事実から、当時は弦楽器が重宝されたと主張した[33]。繰り返しになるが、マニケの主張した弦楽器が、ツタンカーメン王墓からは1点も出土していない。むろん2度にわたる盗掘の際に、墓泥棒が持ち去った可能性も挙げられる。しかしながら、新王国時代の貴族墓からハープの遺物が残されていることと、楽器の大部分を占める重要な弦は腐蝕してしまうため、希少価値に乏しい点を考慮に入れると、あくまで推測ではあるものの墓から持ち去るとは考えにくい。その点を踏まえ、ツタンカーメン王墓から弦楽器が出土していない事実にはどのような意味があるのだろうか。

　可能性としては、王がハープを副葬品として必要としなかったという見解が挙げられる。ツタンカーメン王墓には、王の死後のための食べ物[34]やセネト[35]など余興目的の品も副葬品として納められた。古王国時代の貴族墓に描かれた宴会場面では、セネトを行う傍ら、シャベル型ハープ、フルート、クラリネットといった、複音楽器を奏する楽師たちが必ず描写されていた。そこには手で耳を押さえた状態で表現される歌手も、併せて描写された[36]。アマルナ時代という特殊な時代ではそのような場面で、ハープを、ともすれば「音楽」を必要としていなかったのであろうか。音楽は、人間の生活を営む上で、必要不可欠な要素である。それは現世も来世も不変の概念であろう。つまり、ここでは「音楽」の形態が変化した可能性を提示したい。

　同王墓出土のすべての楽器は、アマルナ時代に制作されたことは検証により明らかである。同じくアマルナ時代に存在した弦楽器が、同王墓から出土していないことは極めて不可解である。この点で付け加えるとするならば、ハープ以外の複音楽器もツタンカーメン王墓からは出土していない。つまり、リュート、オーボエ、フルートといった類の複音楽器は、1点も出土していない。遺

品や、壁画から考察するに、アマルナ時代において複音楽器は存在したにもかかわらず、同王墓から1点も出土していない。この事実は、何かを意図するのであろうか。

第3項　アマルナ時代の音楽
―王墓からなぜ複音楽器が出土しないのか

　以上の事柄を検証するため、アマルナ時代の音楽において複音楽器を「だれが」「どのような場面で」演奏したかを順に考察していきたい。

　王宮での音楽場面では、女性がリュートやオーボエを演奏する姿が表現されていた。演奏している女性たちは、裸であり、香を頭上に乗せた表現がなされていることから、身分としては決して高くないことが窺える。したがって、リュートやオーボエの類の楽器[37]は、身分の低い女性楽師たちが演奏する楽器であり、男性の演奏する楽器ではない、と考えられていたのではないだろうか。よって、ツタンカーメン王は男性であり、このような女性が演奏する楽器は王の副葬品としてはふさわしくない、といった思想が反映された可能性があろう。むろん、何度も繰り返しているが、クラッパーとシストラムも女性の楽器である。しかしながら、これらの楽器はアマルナ時代においては、王族の象徴として使用された楽器である点を考慮すると、副葬された点は不自然ではない。さらに前述したように、本来はツタンカーメン王の副葬品ではないと考えた場合、説明もつく。また王宮では、男性たちが大型リラを演奏する姿も表現されていた。ただし、大型リラは男性外国人楽師のみが奏する楽器であったとみられる。加えて、アマルナ時代の王宮のみで演奏された楽器[38]であるため、アマルナ時代後のツタンカーメン王の副葬品としてはそぐわないと捉えられたのであろうか。

　続いて、神殿での音楽場面では、手拍子をしながら朗誦を行う男性神官たちの姿が表現されていた。その際必ず1人は、ハープを演奏している。このハープ奏者は盲目（目を閉じているかもしくは目が見えていないか、断定はできないが）で描写された[39]。この盲目のハープ弾きが、貴族墓のみに描かれている

点も特筆すべき点であろう。アマルナ時代には、音楽は王族に関する描写に限り表現されている[40]。この事柄も、ツタンカーメン王墓にハープが埋葬されていないことに何らかの関わりがあるのではないだろうか。男性のハープ奏者が貴族墓にのみ描かれていた点から、ツタンカーメン王在命時には、ハープは盲目の男性が神殿で演奏するものであり、そこに葬儀で使用するといった概念はなかったのかもしれない。

さらに、重要な事柄を１点挙げておきたい。アマルナ時代に見られる特有の描写として、手拍子を打ちながら暗唱し、これに太鼓が伴奏楽器として入ることが先行研究において指摘されている[41]。従来、歌や朗誦の伴奏は、旋律を演奏可能な複音楽器が伴奏するのが通常であったが、アマルナ時代では故意に単音の太鼓で伴奏を行っている点は注目に値するだろう。現代でも、歌の伴奏では、旋律の音程をとり易くする目的で旋律を演奏可能な複音楽器を用いるのが通常である[42]。

前述したように、ツタンカーメン王墓出土の楽器は、単音楽器である。対して、ハープ等の楽器は、複音楽器である。

では故意に、ツタンカーメン王墓の副葬品として複音楽器を避けていた、と仮定するとどうであろうか。つまり、アテン一神教を目指したアマルナ時代には音も「１つ」つまり「単音」を意識していたと考えるのはやや無理があるだろうか。しかし先述したように、伴奏を従来の複音楽器から「手拍子」や「太鼓」に置き換えていた点にも、そのような趣向が認められる。この事実を踏まえれば、単音楽器が王墓の副葬品とされた点は、非常に示唆的であるとも言えよう。

先行研究では、アテン神殿における音楽の描写は特に目立つ位置になされており、アマルナ改革では音楽が重要な位置を占めているとの指摘がある[43]。アクエンアテン王が音楽も従来のものから変化させたと仮定するのであれば、楽器も変化した可能性も大いにあろう。その際には、楽器の「音」も儀式に大きな影響を与えたのではないだろうか。

本書では、第１章で古代エジプトでは宗教と音楽に密な関わりがあり、アマ

ルナ時代において宗教が大きな変化を遂げたことから、その際に「音楽」も変化したのではないかとの仮説を示した。例えば、アマルナ時代における神殿建築の変化は著しく、それまでのエジプトの神殿は入口にあたる塔門より最奥の至聖所に至るまで、天井は徐々に低くなり、限られた光のみが室内に差し込むよう設計されている。反して、太陽神アテンを崇拝するアテン神殿では、塔門から中庭、至聖所に至るまですべての天井をなくし、多くの太陽光を取り入れる造りを呈していた。西洋音楽で言うところの「宗教音楽」は、そのような神殿の構造変化に伴う儀式の変化によって大きく変貌したのではないだろうか。

　さらにマニケは、アメンの歌い手と呼ばれる人々は、おそらくアマルナ改革によって職を追われたのではないかとの仮説を提示している[44]。この点からも、従来の音楽関連職だけでなく、歌や楽器も変化もしくは消失した可能性が挙げられよう。

　古代エジプトの神々と音階を結びつけて検証を行う研究は多く存在する[45]が、アテン一神教において、「多くの音」の存在は不必要となり、「1つの音」が重要と考えられたのかもしれない。

　また前述したように、第18王朝から独奏ハープ奏者の描写が引き続き見られる中で、ツタンカーメン王墓からは1点もハープが出土していない。この事実も、同王墓がアマルナ時代の音楽の影響を多分に受けていると捉えることができるのではないだろうか。これまでも、多くの点でツタンカーメン王墓はアマルナ時代の影響を受けていると指摘されてきたが[46]、それは副葬した楽器にも及んでいたものとここでは考えたい。

第4項　カイロノミストの消失

　アマルナ時代の音楽は、これまでも繰り返し述べたように、「単音」を意識したものである。次に、この点はカイロノミストの消失の1つの要因になっているとの仮説を提示しておきたい。

　第1章で述べたように、カイロノミストは壁画に描かれた、手のサインで楽器がどのような音を出しているかを示す人物である。カイロノミーという言葉

は、ハンドサインによる指示を意味する。よって、カイロノミストとは「手を使用して合図をする人」という意味となり、演奏者に旋律曲線や装飾法を空中での手ぶりによって指示する人物のことを指す。古代エジプトには、5線譜のような記譜法は存在が確認されていない。代わりに「カイロノミスト」と呼ばれる人物の存在が非常に大きな役割を果たしていた[47]。壁画を見る者に、壁画に描かれた楽器がどのような音を出しているか、カイロノミストの手ぶりによって伝えたのである。

　カイロノミストは、古王国時代にはほぼすべてのシャベル型ハープ、フルート、クラリネットの複音楽器を演奏する人々の前に描かれた[48]。中王国時代になると徐々に描かれることがなくなり、新王国時代にはほぼ描かれなくなった。新王国時代におけるカイロノミストの描写は、第18王朝アメンヘテプ3世治世のケルエフ墓でセド祭を祝う宴会場面での描写が最後である[49]。このアマルナ時代の直前であるアメンヘテプ3世治世において最後のカイロノミストが描かれている点は、非常に興味深い。なぜなら、アマルナ時代の壁画にカイロノミストの存在は認められず、描かれることはなかったためである。

　カイロノミストはさまざまな音＝「複音」を手で示す人々のことを指す。すなわち、示すべき「複音」が存在しなければそのサインは描かれることもない。「単音」を意識したアマルナ時代の音楽には、そもそもカイロノミストが存在する必要はなかったのである。

　マニケは、カイロノミスト消失の原因として、古王国時代よりも後の時代には、演奏家にとってカイロノミストの手ぶりがまったく意味をなさなくなったため、彫師たちは同時代の音楽演奏の場面を描く際に、カイロノミストを描かなくなったのではないか、と推測している[50]。それは古王国時代以降に楽器が変化し、新たに演奏可能となった多くの音を（従来までの）サインで示すのは不可能になった、と解釈した結果であった。

　そうした点を鑑みると、アマルナ時代には、前述したように大型のリラが演奏されていたことが壁画において明らかとなっているが、その際にもカイロノミストは描かれていない[51]。あくまで推測の域を出ないが、外国から流入した

楽器の音や音階は従来のエジプトの音階とは異なるため、そのような音を示す術がなかったのかもしれない。

　そして何より、アマルナ時代以降の新王国時代においては、管見に及ぶ限り、カイロノミストが壁画に描かれた例は存在しない。そのため、アマルナ時代においてカイロノミストは完全に壁画から消失したとみることもできよう。そのように考えると、その現象は後代の壁画においてカイロノミストが描かれなくなった1つの要因ととることができるのではないだろうか。

第4節　小結

　本章では、これまでの研究では扱われてこなかったツタンカーメン王墓出土の3種類の楽器をさまざまな角度から考察し、その結果以下の点が明らかになった。

　第一に、アマルナ改革によって、従来の音楽に変化が生じた影響は、ツタンカーメン王墓の副葬品にも反映され、単音楽器のみが出土する結果に結びついた。複音楽器も同時代に存在はしていたものの、王の副葬品としてはふさわしくないと捉えられた。とりわけ、従来葬儀や来世の概念と結びつけられていたハープが、埋葬の概念を持たないため同王墓から出土していない、との仮説を立てるに至った。

　また「単音」を意識したアマルナ時代の音楽においては、「複音」を示すために必要であったカイロノミストが表現されることはなかった、との結論に至った。アマルナ時代の壁画においてカイロノミストが描かれなかったことは、その後カイロノミストが壁画から完全に消失したことに、少なからず影響を及ぼしたのではないだろうか。

　次に、クラッパー、システム、銀製トランペットは、冥界で必要な「音」と捉えられ、副葬品として納められたとの結論に至った。前章までの検証で、この3点は非実用品である点を指摘した。

　古代エジプトの葬送儀礼及び埋葬儀式において「音」は必要であり、時に楽

器が使用されていたのは明白である。クラッパーは、貴族墓における壁画の描写で葬送時に描かれている。システムは、アンク「生命、再生」の形状に加え、アポフィス神を示唆するウラエウスの傍らに置かれたことから来世への「扉」との関連を示唆する可能性を指摘した。銀製トランペットは、玄室の南東角のランプの下に置かれたこと、後にオシリス神に向かって吹く姿が描かれていたこと[52]から、冥界の旅を示唆する。よってこれらの楽器の「音」は、すべて冥界に行く際に必要とした「音」であったのではないだろうか。このような古代エジプト人の思想が、ツタンカーメン王墓から出土した楽器の副葬に結びついたのではないかと考えたい。一方で、銅製トランペットは実用品と考えられるが、図像に副葬時に追記が施された点から、副葬品の中では非常に重要な位置づけを占めていたとみる。

またアマルナ音楽の新しい局面を知ると同時に、ツタンカーメン王墓に関する新しい知見も得られた。楽器とツタンカーメン王墓の副葬品とを包括的に検証した結果、楽器が出土した部屋では、部屋毎の副葬品に共通性が見られることが判明した。これまでに、墓室毎の意味や機能について論じた研究はほとんどなされていなかった。

付属室は、ツタンカーメン王の幼少期の品、及びアマルナ時代以前に使用された品が副葬された。しかし、部屋の状態は悪く、前室と付属室どちらに副葬されたか判別できない品も多々見られる。

前室は、王が生前日用品として使用していた類の副葬品、及び葬送儀礼・埋葬儀式に使用する品が納められた部屋であった。玄室は、オシリス神が関わる王の復活の儀式に関する品が副葬された。宝物庫は、冥界を象徴する神々が納められ、アマルナ王族に関わる副葬品が納められた。同時に、王が冥界に所持する品を納めた部屋でもあった、とみる。

本研究では、同王墓出土の楽器をエジプト学及び音楽学、両観点から検証した結果、音楽学ではアマルナ時代の音楽に新たな見解を付け加えることが可能となった。加えてエジプト学においては、これまで不明な点も多かったツタンカーメン王墓に関して新たな解釈を提示した。とりわけ、生前王が所有した以

外の楽器は、王を取り巻く人物関係を考察する上での研究の一助となる可能性があることを、最後に述べておきたい。

　未だ解明されていない点が多かったアマルナ研究を進める上で、同王墓出土の楽器は極めて重要な資料であることが本研究によっても裏付けられたと考えられる。

註

1　カーター番号 Obj. no. 620-4, 5, 6, 11, 12

2　カーター番号 Obj. no. 620-6 [リーヴス 1993：297]

3　Hickmann 1946：38.

4　リーヴス 1993：261.

5　https://tim-theegyptians.blogspot.com/2016/08/writing-palette-of-meketaten.html
　より2020.8.29 アクセス確認済み。メトロポリタン博物館所蔵 26.7.1295
　また、リーヴスはもう1つカーター番号のない象牙製パレットの存在について言及している。そのパレットには、アメンヘテプ3世の即位名と「ラーに愛されし」という銘文が記されている [リーヴス 1993：286]。

6　リーヴス 1993：284-5.

7　リーヴス 1993：154.

8　杉 他 1978：411.
　牛たちの箇所は、ガーディナーの訳から「雌牛」とした。

9　カーター番号 Obj. no. 173

10　カーター番号 Obj. no. 174

11　カーター番号 Obj. no. 176

12　カーター番号 Obj. no. 178

13　カーター番号 Obj. no. 180

14　リーヴス 1993：329.

15　カーター番号 Obj. no. 263

16　リーヴス 1993：329.

17　カーター 1966：183.

18　カーター 1966：183.

19　カーター 1966：174.

[20] Manniche 1991a : 118.

ストラボンは「アビドスの住人はオシリス神を信仰しており、オシリスの神殿では、ほかの神々の場合と違って、神のための音楽を奏でる歌手やオーボエ奏者、リラ奏者が認められていない」との言葉を残している。しかし、後世の話である点は留意しなければならない。

[21] 河合 2012 : 60.

[22] カーター番号 325, 322, 318.

[23] リーヴス 1993 : 226.

[24] Porter and Moss 1964 : 533.

[25] イヒ神は、プトレマイオス朝時代の描写に多い。800年近く後の時代である点から、イヒ神ではないとの判断材料の1つとなっているとも考えられる。

[26] セティ2世王墓は、王の死後かなり急いで造営されたことが判明している。そのため装飾は完成度が低いことは考慮しなければならない。

[27] リーヴス，ウィルキンソン 1998 : 316-317.

[28] 第4章註21参照のこと。

[29] Manniche 1991a : 99.

[30] リーヴス，ウィルキンソン 1998 : 333-334.

[31] Lichtheim 1945.

第1章を参照のこと。

[32] 同上

[33] Manniche 1991b.

[34] パン カーター番号 Obj. no. 99, 620-112, 117, 肉 カーター番号 Obj. no. 62などが挙げられる。

[35] カーター番号 Obj. no. 345m, 383, 580, 593, 585r, 593

[36] 野中 2013.

[37] オーボエとリュートは性描写と結びつけて描かれることもあり、そのような概念も影響していたかもしれない。しかし、この様な描写がアマルナ時代に存在したかどうかは不明なため、註で言及するにとどめておく [Manniche 1991a : 108-111]。

[38] Manniche 1971.

[39] Manniche 1971.

[40] Manniche 1991b.

[41] Manniche 1991a : 89-90.

この種の形態は、アマルナ時代にしか見られない。

42 この点につき、音程がない、単音を鳴らす打楽器等を伴奏に使用するのは、歌唱の難易度が非常に上がることになる。

43 Manniche 1991a : 92.

44 Manniche 1991a : 100.

45 古代エジプトは多神教であるため、複音楽器の奏でる音階は多音階であると考える学説もある [Arroyo 2003]。

46 墓の構造や副葬品にアマルナ様式の影響が指摘されている。

47 野中 2013.

48 野中 2013.

49 The Epigraphic Survey 1980 : Plate 34.

50 Manniche 1991a : 30-31.

51 例外として、第 3 中間期におけるサイス・ルネサンス期に認められる。第26王朝のレリーフに、ハープ奏者とカイロノミストが見られる。Brooklyn museum, New York所蔵 49.17

52 Randall-Maciver and Woolley 1911 : 117, photo 41, no. 10915.

第7章
古代エジプト音楽が西洋音楽に与えた影響

　西洋音楽の楽曲において「エジプト」を題材とした作品は数多い。では、西洋音楽の分野では「古代エジプト」はどのように表現されてきたのであろうか。

　本章ではまず、西洋音楽における古代エジプトを題材とした楽曲を概観し、その後具体的に古代エジプト音楽は西洋音楽にどのように引き継がれているかを検討したい。

第1節　西洋音楽における古代エジプトを題材とした楽曲

第1項　古代エジプトを題材とした声楽作品

　オラトリオやオペラなどの声楽作品において、「出エジプト記」と「クレオパトラ（7世)」を題材とした作品（表1、表2）はとりわけ目を惹く。

　まず、「出エジプト記」は「旧約聖書」の一部である。バロック時代は、宗教曲が中心であり、聖書の題材が盛んに楽曲に取り入れられた。そのような背景に加えて、「出エジプト記」内のエジプトからの脱出と海が割れる奇跡、といったドラマティックな場面要素も相まって、多くの劇作品に取り上げられた。後のロマン派時代では「出エジプト記」の内容は、キリスト教徒であれば誰もが知っているため、非常に扱いやすい題材であった。この点につき、作曲家がオペラのあらすじ展開に悩む必要がない、という利点があったとみる。

表1　『出エジプト』を題材とした代表的なオラトリオ及びオペラ

作曲家	初演	作品名
ヘンデル	1739年	オラトリオ《エジプトのイスラエル人》
	1748年	オラトリオ《ヨシュア》
ジュスマイヤー	1792年	《モーゼ　あるいはエジプト脱出》
ロッシ　ニ	1827年	《モーゼとファラオン、あるいは紅海の横断》
シェーンベルク	1957年	《モーゼとアロン》

表2　『クレオパトラ（7世）』を題材とした代表的なオペラ

作曲家	初演	作品名
ヘンデル	1724年	《ジュリオ・チェザーレ》
チマローザ	1789年	《クレオパトラ》
マスネ	1912年	《クレオパトラ》
サミュエル・バーバー	1966年	《アントニウスとクレオパトラ》

　続いて、クレオパトラ7世が題材となった理由は、彼女と関わった人物たちがヨーロッパにおいて著名であり、加えて非常に「オペラ向き」な人物たちであったという点が注目される。イタリアオペラに代表されるように、オペラの題材には「恋愛」「裏切り」「決闘」などの劇的な要素が含まれていなければならない。カエサル、アントニウス、オクタビアヌスといったローマの英雄たちと関わったクレオパトラは、それらのエピソードを取り入れやすい人物であった。さらに、彼女は「絶世の美女」として、その名もよく知られていた。しかしながら、史実に沿っているかどうかはオペラのあらすじにおいて関係なく、クレオパトラの周りを取り巻くカエサルやアントニウス、オクタビアヌスらは登場するものの、そこでは史実は完全に無視された。ベルリオーズの叙情的情景《クレオパトラの死》も、そのドラマティックな人物背景を取り入れた作品となっている。

「古代エジプト」を舞台とした著名なオペラは他にも存在する。

　例を挙げると、モーツァルトの1791年に初演された著名なオペラ《魔笛》も古代エジプトが舞台である。しかしながら、《夜の女王のアリア》に代表される楽曲の知名度は高いが、その古代エジプト要素に関しては必ずしも十分に理解されているわけではない。同様に、1898年に初演されたマスネのオペラ《タイス》も、キリスト教時代のアレクサンドリアが舞台である。「タイスの瞑想曲」は誰もが１度は耳にする曲ではあるが、その舞台が古代エジプトのアレクサンドリアであることは知られていない。

　以上のように、「古代エジプト」を題材として取り扱い、その歴史上の出来事を史実通りに捉え、正確に表現し、聴衆に伝えることを試みたオペラ作品は管見に及ぶ限りほぼ存在しなかった、という印象を受ける。よって、古代のエジプト音楽を楽曲に取り入れ、表現しようと試みた作曲家は存在しなかった。

　しかしながら、1871年に初演されたオペラ《アイーダ》は、明らかにそれまでの古代エジプト「風」のオペラとは性質の異なるオペラ作品であった。

第２項　ジュゼッペ・ヴェルディ作曲　オペラ《アイーダ》

　イタリアオペラ作曲家の巨匠ジュゼッペ・ヴェルディは、1869年11月に開通したスエズ運河の祝賀事業の一環として、カイロに建設されたオペラ劇場の開場式典の祝賀音楽を依頼された。結果として、この開場式典に《アイーダ》の完成は間に合わなかった。しかし、このオペラを制作するにあたり、ヴェルディは「古代エジプト」を舞台とし、できる限り「完璧な」古代エジプトの世界を音楽で表現しようと試みたのである。

　まず、《アイーダ》の原案は、エジプト考古学者オギュスト・マリエットが手掛け、考古学上の助言を行い、初演の舞台装置、衣装製作を担当している。彼がオペラ制作に関わったこと、そしてそこに完璧主義のヴェルディの性格が相まって、それまでの「古代エジプト」を舞台としたオペラとは一線を画すオペラとなった。

　前述したモーツァルトのオペラ《魔笛》は、舞台は古代エジプトではあるが、

冒頭場面で主人公のタミーノは、「日本の狩衣」を着用して登場する。これは魔訶不思議な雰囲気を演出するためだと考えられるが、対して《アイーダ》では舞台配置・装飾及び衣装を《エジプト誌 Description de l'Égypte》を参照していることからも、ヴェルディの演出への並々ならぬ熱意を感じる。

　そして何より、ヴェルディは、オペラ内で古代エジプトの音楽を再現しようと試みた。

　例えば、第 1 幕第 2 場、神殿での祭司の歌唱場面につき、ヴェルディは女性の声を加えたいと考えたが、古代エジプトで女性が神殿催事に加わることがあったかどうかを、マリエットに問い合わせている。

　第 1 章で述べたように、古代エジプト音楽に関する本格的な研究は1900年代に始まった。そのため、前章でも述べたように神殿での女性の歌唱は存在したものの、「古代エジプトの宗教儀式において、女性の歌唱はない」と当時は考えられていた。しかし、マリエットは学説を理解した上で、ヴェルディの望むように、女性合唱を加えてよいのでは、との返事をしている。この事実は、ヴェルディができる限り古代エジプト音楽を表現しようとした試みと捉えられる。彼はその他にも、原案に描かれた国王ラムセスはラムセス何世か、古代エジプトのどの時代に主だった神殿が建設されたのか等も問い合わせている。

　古代エジプト音楽を再現する試みにおいて、当然のことながら古代の楽器に関してもヴェルディは目を向けた。資料を読み、フィレンツェの博物館まで赴いたヴェルディは、古代エジプトの「笛」を目にし、羊飼いが使用している当時の笛と大差ないことに落胆したという[1]。

　そこでヴェルディはフレスコ画に描かれた、長い管を持つラッパ（おそらくサルフィンクスと考えられる）に目をつけた。加えて当時ルーブル美術館には、第 5 章で述べたように「古代エジプトのトランペット（図 1 ）」とされる遺物が存在した。そこから彼は「古代には管の長い、管楽器が存在した」と捉え、管長約 1.2 m を有する「アイーダトランペット」（図 2 ）と呼ばれる楽器を、アドルフ・サックスと共に発案した。

　本書で何度も述べているように、古代エジプトのトランペットは現代のトラ

図1　左：ルーブル美術館所蔵の香油台（下部がトランペットと考えられていた）
　　　右：マリエットが描いた《アイーダ》の衣装（水彩原画）
[musbe du Louvre,departement des Antiquites 6gyptiennes N 909 : AF B61 E 974.11.3]

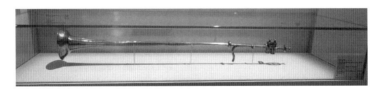

図2　アイーダトランペット
[Philharmonie de Paris E 974.11.3]

ンペットと長さは変わらない。このように多少の誤りはあるものの、当時の人々
に「古代エジプト」そして「古代エジプト音楽」を、西洋音楽を通して伝える
試みを行った最初の作曲家は、ヴェルディであると捉えてよいのではないだろ
うか。
　西洋音楽とは異なるが、現代音楽作曲家のフィリップ・グラスも1983年にオ

ペラ《アクナーテン》を発表している。本作品は史実をベースに、アクエンア
テンと王妃ネフェルティティ、アメンヘテプ3世とティイたちが織り成す激動
の時代を表現している。劇内のアクロバットダンスなどは、壁画に描かれたア
クロバティックな踊りを彷彿とさせる。

　以上オペラ、オラトリオ等の声楽作品に関して概観したが、次に器楽独奏曲
の分野ではどうであったかを考察したい。

第3項　古代エジプトを題材とした器楽作品

　器楽独奏曲の分野においても、西洋音楽とキリスト教との繋がりは深いこと
から「出エジプト記」を題材とする楽曲が見られる。代表的な作品を以下に挙
げる。

　バロック時代の作曲家ラモーは、新クラヴサン組曲集を1728年に出版した。
組曲より「第2番　エジプトの女」は、哀愁漂うメロディーが心に残る楽曲で
ある。この「エジプトの女」という名称は「ジプシーの女」という意味であり、
ジプシーがエジプトから来た人々と考えられていたことについてはその名称か
らも明らかだが、これもすなわち「出エジプト記」が背景にある。

　現在演奏される器楽独奏曲において最も著名な作品は、パガニーニ作曲の通
称「モーゼ幻想曲」であろう。本楽曲の正式名称は「ロッシーニ作曲のオペラ
《モーゼとファラオン、あるいは紅海の横断》の主題を借用したエジプトのモー
ゼの『汝の星をちりばめた王座に』による序奏、主題と変奏曲」である。

　卓越した演奏技巧を持つパガニーニは、自身が演奏することを想定して作曲
を行った。そのため本作品は、彼の演奏技術をいかんなく披露する作品となっ
ている。

　本曲は独奏ヴァイオリンがG線のみを使用し、主題を次々に展開して変奏を
行う。この点につき、この曲はあまりの難易度の高さから、ヴァイオリンでは
なく、チェロによって演奏される機会も多い。

　「モーゼ幻想曲」において、G線のみ、すなわち1本の弦で演奏を行うことは、
演奏技術を披露する以外に何かを意図しているのであろうか。「出エジプト記」

において「イスラエル人が海を渡る際、モーゼが手を上げると、海が割れ道ができた」との記述がある。この海が割れる奇跡の情景を、パガニーニは弦1本で演奏することによって表現した、と自身は捉えている。

つまり、パガニーニは本楽曲において「出エジプト記」における出来事を、演奏技法を工夫することによって表現した、との解釈が可能だろう。

19世紀後半の西洋音楽界は、ヨーロッパを本流とする交響曲中心の音楽のみに重きを置く傾向が薄れ、東ヨーロッパ諸国、北欧ロシアなどのヨーロッパ外の音楽に関心が向けられる。その結果、それらの国々の民族色を採り入れた音楽作品が脚光を浴びるようになった。このオリエンタリズムの風潮から、サン・サーンスはピアノ協奏曲第5番「エジプト風」を1896年に作曲した。彼の避寒先のカイロで書かれた本曲は、この国での見聞や、東方的でエキゾティックな雰囲気が反映される。しかしながら、この曲は当時のエジプトの異国情緒を表現した曲であり、「古代エジプト」を題材とした作品ではない。

第4項　クロード・ドビュッシーの《エジプト熱》

オリエンタリズムの風潮が高まるなか、「古代エジプト」を題材として、ピアノ独奏曲を作曲したのは、ロマン派印象主義の作曲家クロード・ドビュッシーである。

あまり知られていないことではあるが、ドビュッシーは古代エジプトに関して高い興味関心を持っていた。1913年に完成した、前奏曲集第2巻第10曲の「カノープ」はその代表作品と言えるだろう。ドビュッシーは、カノポス壺[2]を所持していた。本曲は、その壺から連想される「死」や「不思議さ」、「奇怪さ」を表現しているととれるが、アレクサンドリア近郊にあった都市「カノポス」を表現しているのかもしれない。都市カノポスは、震災によって沈んだ都市であり"伝説の都市"として伝わる。

彼がこの曲でどちらの「カノポス」について表現していたかは未だ検討の余地があり、印象主義における独特の和声表現も相まって、解釈はさまざまである。「カノポス壺」とも「沈んだ都市カノポス」ともとれる曲風ではあるが、

この点についてはまた改めて論じたい。

　さらにドビュッシーは、ピアノ作品「カンマ」も1912年頃に作曲している。本来バレエ音楽として作曲された本曲は、バレエ音楽としては完成せず、ピアノ曲として編曲されて残っている。このバレエは、当初「イシス」の題名で発表される予定であり、舞台はアメン・フー神の神殿であった。古代エジプトの神々を題材として取り扱うことから、ドビュッシー自身が古代ユジプトに関してある程度知識を持っていなければ、作曲することは不可能である。このような事実から見ても、ヴェルディに続きドビュッシーも「古代エジプト」を西洋音楽を通して表現し、聴衆に伝えようと試みた作曲家であると捉えられる。

　では、なぜドビュッシーは古代エジプトに興味を持ったのであろうか。

　これには、1867年に行われたパリ万博が大きく関わっていると考えられる。このパリ万博は、西洋音楽界の多くの作曲家に、西洋以外の音楽との出会いを提供した場所であった。ドビュッシーがこのパリ万博で、ガムラン音楽や日本の「浮世絵」に出会い、後の彼の作品に大きな影響を与えたのはこれまでにも指摘されてきた。この点につき、同万博は「古代エジプト」とドビュッシーの出会いの場でもあった可能性を示唆している。

　パリ万博において、ファラオの神殿としてデンデラ神殿が展示された。このような展示を目にしたドビュッシーが、自身の曲にエキゾティシズムを採り入れるに至ったのは想像に難くない。

第2節　ツタンカーメン王墓出土の楽器と西洋音楽との繋がり

　第1節で概観したように西洋音楽の中で、意図的に「古代エジプトの楽器」を楽曲内で使用した作曲家はわずかであった。しかし、西洋音楽の中に必ず古代エジプト音楽は息づいているはずであると自身はみる。そこで本書で取り上げたツタンカーメン王墓出土の楽器を中心に、西洋音楽の中に引き継がれる「古代エジプト音楽」を見ていきたい。

第 1 項　冥界で必要な「音」─葬送のトランペット

　ツタンカーメン王墓では、銀製のトランペットが 1 本出土している。検討の結果、死後の再生や復活を意味する睡蓮柄の文様が彫られていることから、オシリス神と関係し、冥界で必要な「音」を奏でる楽器であったことが明らかになった。加えて、当時としては非常に貴重だった銀が用いられた品であることから、それはツタンカーメン王を埋葬するにあたって神々の図像を追加し、特別に用意した不可欠の楽器であったとした。

　なお、その後の西洋音楽においても銀製トランペットは死後も続く栄光や永遠の救済を祈願して用いられ、天界で必要な音として捉えられている。「神のラッパ」として知られ、最後の審判や、キリストの哲示の際に天使が高らかに吹き鳴らす銀製トランペットは、この「神のラッパ」である。また銀製トランペットは、「葬送のトランペット」としても知られ、死後も続く栄光や永遠の救済を祈願して用いられるものであった。その響きは生者の俗界と死者の聖界を行き来し、その境界の扉を開く際に高らかに鳴り響いたことが指摘されている[3]。

　その意味において、ツタンカーメン王墓出土の銀製トランペットは、冥界と葬送の概念を所持した現存する遺物の中では最古のもの、と捉えることができるのかもしれない。事実、既に見たように、ローマ時代においてもオシリス神の目の前でトランペットを吹く描写が認められることから、おそらくその時代にも同様の概念は存在したと考えられる。プトレマイオス朝で使用された楽器がその後のローマ時代にも使用され、ヨーロッパで普及し、西洋音楽の中で引き継がれていった可能性をここでは挙げておきたい。

　また前節で述べたように、アイーダトランペットは軍隊で使用されるラッパである。古代エジプトでは、軍用ラッパが存在した。その事実からヴェルディは、トランペットをオペラ内で「古代エジプトの楽器」として用いることにしたのであろう。

第2項　エジプトの女性が演奏する楽器—システラムの概念

　本書で検討したツタンカーメン王墓出土のシストラムに関しては、同王自身が用いた品ではなく、葬送の折にアマルナの王女によって用いられた可能性が高い旨を指摘した。また、そのシストラムが置かれた位置に関しても、共に出土した副葬品との関連性から、雌牛の女神ハトホルや、冥界の扉を開けるなどの宗教的な意味合いが含まれていたのではないかとの新たな見方を示した。それは、古代エジプト文明全般におけるシストラムの変遷や関連する壁画等の諸資料、並びに文字資料などを総合して検討したシストラムの位置づけを踏まえた上での分析、並びに議論によるものであった。

　なお、このシストラムはプトレマイオス朝に入っても女神のバステト信仰やイシス信仰を象徴する楽器として、多くの彫像や壁画[4]に認められる。その結果、シストラムは今日においても、ヨーロッパの博物館や美術館で目にする機会が非常に多い古代エジプトの音楽楽器となった[5]。よく知られるように、イシス信仰は古代ローマにおいても上流層の貴婦人などの間で流行し、古代エジプトの神々では最も有名な存在とされる。そして女神が手にするシストラムも、その流れとともに普及していったと捉えられている。その最も顕著な例としてポンペイにおけるシストラムについて記したい。

第3項　ポンペイにみるシストラム—イシス信仰とともにある楽器

　イタリアのナポリ近郊、ヴェスヴィオ山のふもとにあった古代都市ポンペイ出土の遺物の中には、古代エジプトに関係する品が多く見られる。同遺跡は79年、ヴェスヴィオ山大噴火で発生した火砕流によって地中に埋もれたことで知られ、私たちに多くのローマ時代の遺物を残す。

　以下の写真は、2016年イタリアトリノ博物館で開催された特別展「egitto pompei」において筆者が撮影した。

　ポンペイではイシス信仰がエジプトから引き継がれており、その際に「システラム」という楽器も神聖な女神の楽器として引き継がれている様子が、図3、

図3　葬儀用祭壇に刻まれたシストラム
[Badisches Landesmuseum, inv. 67/134]

図4　シストラムとシストラムを手にする女神
[筆者撮影]

図4から見受けられる。ローマ帝国は広い領土を誇ったことで知られるが、イシス信仰はローマ帝国の広がりとともに各地に広がり、シストラムという楽器もヨーロッパに普及していったのであろう。

　また、シストラムは既にふれたように王女や女神が持つ楽器であったが、今述べたように、信仰とともにそれが上流層へ普及していった点は非常に興味深い。

　なお、その後の西洋音楽との観点で見れば、ヴェルディと同世代のフランス作曲家ビゼーのオペラ《カルメン》の中には、「ジプシーの女がシストラムを打ち鳴らして登場する」「シストラムの音と共にジプシーが……」との表記が見られる。こうした描写は、エジプトの女性が演奏する楽器と言えばシストラム、と西洋音楽の中で捉えられていた様子を如実に物語っている。ジプシー女は身分の低い女性を指すため、この頃には既に「身分の高い女性が所持する神聖な楽器」という概念は忘れ去られていたのかもしれない。しかし「女性の所持する楽器」という概念は失われていなかったようである。

第3節　中世と古代エジプトのカイロノミーの繋がり ―古代エジプトの音楽はポリフォニーであったのか

　先行研究において、ヒックマンが古代エジプトのカイロノミーと、西洋音楽の中世ネウマ[6]との関連性を指摘している点については既に述べた。現在、エジプトのコプト教司祭によってカイロノミーのしぐさは使用されており、ヒックマンはこのしぐさと古代エジプトのカイロノミーとの繋がりを指摘している。加えて、彼は西洋における中世の教会において、司祭が聖歌の指導を行う際に、手のひらを使用して具体的な音高を指示していた点に着目した。そこから西洋音楽の中世ネウマに、古代エジプトのカイロノミーが何らかの影響を及ぼした可能性を示唆した。

　しかしながら、5線で音高を示すような記譜法が確立されていない中世にお

いて、音高を手のしぐさで示すという行為は、ある意味では誰しもが思い抱く発想とみることが可能なように考えられる。よって古代エジプトのカイロノミーのしぐさと、中世のカイロノミーのしぐさに繋がりがある、という点はやや疑問が残る。このカイロノミーの繋がりを指摘した上で、音楽学者は、古代エジプトのカイロノミストの人数やサインの数から、当時の音楽はポリフォニーであった、との仮説を提示した[7]。

　しかし、ポリフォニーやモノフォニーといった概念は、もともと古代エジプトの音楽を検討する上でそぐわない概念であると筆者は捉えている。

　前章において、アマルナ時代には単音が重視された旨を指摘したが、同時代の讃歌や音楽がモノフォニーであった、というのはややいきすぎた考えであろう。古代エジプトの聖歌（讃歌）や音楽が、モノフォニーやポリフォニーであるとの捉え方は、西洋音楽における聖歌の概念が、西洋の音楽学者の見方に大きな影響を与えていることに他ならない。

　多くの音楽学者が現在までに指摘してきたように、フルートやハープ、リラ、リュートなどの楽器は、明らかに同じ形を引き継ぎ、西洋音楽における楽器の原型である旨は間違いがない。以上の事柄を総括すると、楽器の「形」だけではなく、その楽器がどのような人々によって演奏されたか、またどのような場面で演奏されたか、つまり楽器が持つ「概念」や「意味」についてはその多くが西洋音楽に引き継がれている点を、本書の最後に強調しておきたい。

第4節　小結

　ヴェルディがオペラ《アイーダ》を作曲するまで、西洋音楽の世界では聖書の「出エジプト記」や「クレオパトラ」といった題材が楽曲に取り入れられていたものの、その楽曲に表現された「古代エジプト」はおおよそ史実とは異なる印象を受けるものであった。

　それまで、楽曲内で漠然と表されてきた「古代エジプト」の表現が変化した背景には、ヨーロッパにおける「古代エジプトに対する見方の変化」が関係し

ている。1798年から1801年に行われたナポレオンの遠征、1822年に成されたロ
ゼッタストーンの解読、そして1867年に催されたパリ万博、これらの一連の歴
史上の出来事に促され興った「エジプト学」の影響は、確実に西洋音楽の分野
にも影響を与えたのである。

　現在までに述べられてはいないが、ヴェルディ、ドビュッシーといった西洋
音楽史における名だたる作曲家にも影響を与え、「古代エジプト音楽」を題材
とした作品が生み出された。こうした時代背景を受けて、音楽学の分野におい
ても古代エジプト音楽を研究しようという試みがなされ、古代エジプト音楽研
究の大家ハンス・ヒックマンが現れたのである。

　古代エジプト音楽における楽器は、西洋音楽の楽器においても引き継がれ、
それは単に形状だけではなく「葬送のトランペット」や「エジプトの女性が所
持するシストラム」といった、楽器の持つ概念や意味も引き継がれていた。

　特に、古代エジプトにおいて王族女性が用いていたシストラムは、それが関
連する女神イシス、あるいはバステトなどの信仰とも相まって古代ローマにも
広まり、ひいてはそれが上流階級層に知れ渡ったことで、西洋音楽における古
代エジプトを代表する楽器として大きな影響を与えたと言える。これには、上
述した「エジプト学」の学問への興味関心の高まりに加えて、19世紀にヨーロッ
パで起こった「エジプト・ブーム」の際[8]に、そうしたイメージは強化された
可能性があろう。

　また最近エジプトでは、大エジプト博物館の開館に合わせて、ツタンカーメ
ンを題材とした新作オペラが上演されることが、ザヒ・ハワス氏によって発表
された[9]。

　脚本は、ハワスとフランチェスコ・サントコーノが共同で執筆し、音楽はイ
タリアの音楽家リノ・ジンボーネが担当しているという。発表の際、ハワスは
「ヴェルディの《アイーダ》に聴衆は（既に）飽きている。」と表現したが、本
作品の音楽はイタリア人作曲家に依頼したという点は、興味に値するだろう。

　これはつまり現代のエジプトで披露する「古代エジプトを題材としたオペラ」
の音楽が、現在のエジプト音楽つまりアラブ音楽ではなく、西洋音楽であると

いうことになる。この点は、彼が意図したかどうかは別として、《アイーダ》より引き継がれたことになるだろう。本来《アイーダ》は、エジプトのスエズ運河開通の祝賀音楽としてイタリア作曲家ヴェルディが作曲依頼されたオペラであった。

　本オペラのあらすじが史実に沿ったものであるかどうか、「古代エジプト音楽」が取り入れられているかどうか、その点についても引き続き注目していきたい。

註

[1] アッティラ 1988 : 123.

[2] 古代エジプトにおいてミイラから取り出した臓器を納める壺を指す。パリのドビュッシーの生家に、彼が所持したカノポス壺が展示されている。

[3] 上尾 2000 : 20-22.
　モンタグは、聖書に出てくるラッパと TUT's Trumpets の関係性を示唆した [Montagu 2017]。

[4] Emerit et al 2017 : 181-104.

[5] Emerit et al 2017 : 158-67, 68, 69.

[6] ネウマとはネウマ（neuma）の語がギリシア語で「合図、身振り」という意味である。

[7] 中世の教会では最初の聖歌はモノフォニーが重視されていたことから、古代エジプトの音楽もモノフォニーであった等の見解も存在する。

[8] 中野 2015.

[9] https://www.theartnewspaper.com/2019/11/01/archaeologist-zahi-hawass-creates-tutankhamun-opera-to-mark-opening-of-grand-egyptian-museum より2022. 3.5 アクセス確認済み。

結論

　本書を結ぶにあたり、これまでに明らかにしたことを章を追って総括する。

　序論では、西洋音楽史に関する概説書を紹介し、古代エジプト音楽が西洋音楽史の中で偏った見方で認識されている旨を指摘した。

　第1章では、古代エジプト音楽に関する研究史について整理し、これまでの研究の問題点を明らかにした。その結果、多くの音楽学者は古代エジプトの音楽を西洋音楽の視点で捉え、研究を進めてきた旨を述べた。一方、エジプト学者は墓の壁画などに彫られた演奏場面やそれに付随する称号などの分析に終始し、西洋音楽との関わりについてはほとんど述べていない点を指摘した。その上で、音楽と密接に繋がっていた「宗教」の画期とされるアマルナ時代の音楽については、未だ研究が乏しい旨を述べた。

　そこで同時代の音楽について検討を加える意義を示し、ツタンカーメン王墓出土の3種類の楽器の考察を行う旨を提示した。

　第2章では、ツタンカーメン王が即位するまでの歴史像を未解決問題と共に検討し、アマルナ時代に至るまでの第18王朝の歴史をみた。とりわけ、アマルナ王族の人物関係を詳しく考察し、現在までに行われてきた研究結果を挙げた。

　そこでは、アクエンアテンの宗教改革が頓挫したことで起きた神殿や神像などの破壊行為が、一次資料を用いるアマルナ時代の音楽研究を困難にしている旨を確認し、従来エジプト学者が取り組んできた、壁画や称号の研究はわずかに過ぎない旨を指摘した。

続いて、ツタンカーメン王墓（KV62）の概要を説明し、現在までの同王墓の解釈を示した。加えて、調査上での留意点として、副葬品は墓泥棒とカーターが移動させた事柄を挙げた。しかしながら、ツタンカーメン王墓はほぼ未盗掘の状態で発見された唯一の王墓であり、同王墓から出土した楽器類を、他の副葬品の出土状況と考察することで、同時代に関する研究の空白域を埋めることができる旨を示した。

　第3章では、まず付属室から出土したクラッパーについて考察を行った。王族2名の名前が陰刻されたクラッパーは他に例を見ず、ツタンカーメン王の祖母「ティイ」と異母姉「メリトアテン」の名が共に記された理由はこれまでに解明されていなかった。検証の結果、形状から実際の演奏には使用されなかった可能性が高く、銘文のティイはアメンヘテプ3世正妃ティイであることが判明した。二重カルトゥーシュという珍しい銘文、すなわち王族2名が刻まれた理由は、アメンヘテプ3世時の遺物によく見られる「偉大なる王妃、ティイ、生きよ」という一文に「王の娘、メリトアテン」表記を付加した可能性が高く、つまりそれはティイの名が刻まれてから、後にメリトアテンの名を付け加えたためであることも併せて指摘した。

　第4章では、前室から出土したシストラムについて考察を行った。先行研究では、2本のシストラムは形状から対であるとされ、埋葬儀礼で使用し、墓を閉じる際に放置されたと言われてきた。しかし誰が所持していたものか、どのように使用されていたかなど、解明されていない点も多い。検証の結果、雌牛の寝台の上に置かれた理由は、放棄ではなくハトホル女神との関係性を意識したもので、意図的に2本のシストラムを寝台の上に置いた可能性が高い旨が明らかになった。シストラムの周りに置かれた副葬品も、関連づけのため置かれたものであると結論づけた。

　また、これらのシストラムは本来王のために用意された副葬品ではなく、アマルナ時代に制作され、アマルナ王族女性が使用したものと推測される。さらに、それまでシストラムは2本のペアで使用する、といった見方が一般的であったが、2本のシストラムはペアとは言い切れず、王族を象徴とする用具として、

それぞれ単体で用いられた可能性についても壁画の分析から言及した。

　第5章では、出土した楽器の中で唯一演奏可能な TUT's Trumpets について考察を行った。音に関する研究はこれまでにも多かったが、ベル部分に彫られた図像に関する研究は進んでいない点を指摘した。銀製トランペットの図像に関しては、ツタンカーメン王の死後に追加されたとする説があるものの、彫られた時期など解明されていない点も多かった。そこで従来の研究ではふれられたことがない、当時用いられたとされる、下絵制作時のグリッド（方眼）を図像に当てはめて分析並びに考察を行い、新たな見解を示した。

　その銀製トランペット、銅製トランペットにグリットを当てはめた分析結果からは、図像に制作時からの変更が見られた。銀製トランペットは、彫られた即位名からアマルナ時代に制作され、後に三柱神が図像に追加された。この三柱神は、従来言われてきた当時の軍隊の守護神をそれぞれ表したものではなく、ツタンカーメン王が多神教を復活させた際に追加した図像であったと推測される。

　一方の銅製トランペットについては、神々が刻まれた後に王が追加されたことを新たに指摘した。おそらくは、ツタンカーメン王が埋葬される際に王の図像を追加し、副葬した品であったと推測される。

　また、2本のトランペットは日常品として使用されたとの見方もあったが、銀製トランペットは素材や出土状況を鑑みるに儀式での使用を意図して制作された可能性が高い。加えて半世紀前になされた録音からは、トランペットがファンファーレを演奏可能であると捉えられたが、音響特性等の面から不可能である旨を示した。

　第6章では、第3章から5章に掛けて論じた出土楽器の分析結果、及び本書において得られた新たな知見について総括した。

　楽器の出土した部屋の副葬品には、共通性が見られる。付属室にはアマルナ時代などツタンカーメン王幼少期の品が、前室には生前に用いた日用品に加え、埋葬儀式に関する品が副葬されたと考えられる。一方、玄室には王が死後にオシリス神となる際に必要な復活の儀式に関する品が埋葬され、宝物庫は冥界を

象徴する神々とアマルナ王族に関わる副葬品、そして王が冥界に所持する品を納める部屋であったと考えられる。このような墓室毎の意味や機能について論じた研究は、管見に及ぶ限りこれまでほとんどなされていない。

　また、同王が在位したアマルナ時代の音楽は「単音」を意識した音楽であり、それは同王墓から出土した楽器が「単音」楽器であることからも裏付けられた。そしてこのアマルナ時代に「単音」を意識し、音楽のありかたに大きな変化がもたらされた結果が、これまで理由が不明とされてきた、墓における壁画等の図像において、カイロノミストが見られなくなった主な要因である可能性を指摘した。

　さらには、その形状や構造、装飾や銘文、出土状況から見た他の副葬品との関連性などの検討を通じ、古代エジプト人が冥界に行く際に必要であると考えた「音」を反映した結果、クラッパー・システラム・トランペットの３種類の楽器がツタンカーメン王墓に副葬品として意図的に埋葬されたのではないか、と結論づけた。

　そして最後に、第７章にて古代エジプト音楽が西洋音楽に与えた影響について改めて考察した。筆者は、本書における検討を通じ、古代エジプト音楽は西洋音楽に大きな影響を及ぼしていることを改めて見直すとともに、確信するに至った。それは、単に記譜法や楽器の形態等の具現的なものだけではない。トランペットやシストラムといった楽器は、西洋音楽の中にその形態が引き継がれただけでなく、その楽器の持つ「概念」も確かに息づいている。それは前章でも述べたように、「葬送のトランペット」や「エジプトの女性が所持するシストラム」といった点からも明らかである旨を示した。

　これまで、古代エジプトの音楽は西洋音楽史において偏った見方をされてきた。しかしながら、西洋音楽の中で、古代エジプトの楽器は具現的なものだけでなくその概念も引き継がれている点を鑑みると、古代エジプトの音楽は西洋音楽のルーツであると位置づけてよいのではないだろうか。

　今後は本研究の諸成果を生かし、エジプト学と音楽学の観点から古代エジプトにおける音楽と西洋音楽との繋がり、ひいては新たな古代エジプト音楽の解

釈についてさらなる研究を進めていく所存である。

参考文献

Alexandrescu, C. G. 2004. "Zur Frage der Datierung der Trompete von Zsambek, Ungarn." *Vorträge des 5. Symposiums der Internationalen Studiengruppe Musikarchäologie im Kloster Michaelstein 20* : 207-213.

Anderson, R. D. 1976. *Catalogue of Egyptian antiquities in the British Museum III : musical instruments*. London.

Arroyo, R. P. 2003. *Egypt : Music in the Age of the Pyramids*. Madrid.

Barahona, J. A. 1997. "Reflexiones sobre la posibilidad de una notación musical en el antiguo Egipto." *Boletín de la Asociación Española de Egiptología 7, Primera parte-I* : 229-248.

Barahona, J. A. 2002. *Ancient objects related to music and ancient egypt in the national archaeological museum of Madrid*. Madrid.

Biling, D. 1991. "Die Trompete aus dem Statuentemple II D von Musawwarat es Sufra." *Mitteilungen der sudanaechäologischen Gesellschaft zu Berlin e.V* : 72-79.

Bissing, F. W. 1905. *Die mastaba des Gem-ni-kai*. Berlin.

Borchardt, L. 1920. *Altägyptische Zeitmessung*. Berlin & Leipzig.

Breasted, J. H. 1906. *Ancient Records of Egypt, Vol. II*. Chicago.

Bunson, M. 1991. *Encyclopedia of Ancient Egypt*. Gramercy.

Carter, H. and Mace, A. 1923-1933. *The Tomb of Tut. Ankh. Amen Vols.I-III*. London.

Clayton, P. 1994. *Chronicle of the Pharaohs*. London（ピーター・クレイトン（吉村作治監訳）1999.『古代エジプトファラオ歴代誌』創元社）.

Cooney, K. 2014. *The Woman Who Would be King: Hatshepsut's Rise to Power in Ancient Egypt*. New York.

D'Auria, S. P. and Lacovara, P. and Roehrig, C. H. 1989. *Mummies and Magic : The Funerary Arts of Ancient Egypt*. Boston.

Davies, N. G. 1905. *The Rock Tombs of el Amarna, Part III : The Tombs of Huya and Ahmes*. London.

Davies, N. G. 1920a. *The tomb of Antefiker and his wife, Senet*. London.

Davies, N. G. 1920b. "An alabaster sistrum dedicated by King Teta." *Journal of Egyptian Archaeology 6 (2)* : 69-72.

Davies, N. G. 1923. *The tombs of two officials of Tuthmosis the Forth*. London.

de Vartavan, T. 1986. "The origin, evolution and function of the sxm, known as the naos-sistrum." *Wepwawet 2* : 26-29.

de Wit, C. 1951. *Le rôle et le sens du lion dans l'Egypte ancienne.* Leiden.

Dodson, A. 2009. *Amarna Sunset: the late-Amarna succession revisited.* Cairo.

Dodson, A and Hilton, D. 2004. *The Complete Royal Families of Ancient Egypt.* London.

Dziobek, V. E. 1994. *Die gräber des Vezirs User-Amun Theben Nr.61 und 131.* Kairo.

Edersheim, A. 1890. *Old Testament Bible History.* originally published 1876-1887. file:///C:/Users/user/AppData/Local/Microsoft/Windows/INetCache/IE/YZBRZQZW/BibleHistoryOldTestament-Edersheim.pdf. 2020. 9. 15 アクセス確認済み。

Effat, M. and Cribbs, R. and Saleh, F. 1996. "On the discovery of the ancient Egyptian musical scale." *Informatica ed Egittologia all'inizio degli anni ' 90* : 119-140.

Eichmann, R. 2004. "The Design of Ancient Egyptian Spike Lutes." *Studien zur Musikarchäologie IV, OrientArchäologie 15* : 363-371.

El-Malt, K. 2004. "The National Project for the Revival of Ancient Egyptian Music at the Faculty of Music Education, Helwan University Cairo." *Studien zur Musikarchäologie V, Orient-Archäologie Band 20* : 361-364.

El-Malt, K. 2010. "Academic Educational Project: Postgraduate studies in Ancient Egyptian Music." *Studien zur Musikarchäologie VII, Orient-Archäologie 25* : 287-289.

Elwart, D. 2005, "L'offrande des sistres: musique et rituel dans les temples ptolémaïques." *Égypte, Afrique & Orient 40* : 17-26.

Elwart, D. 2017. "Le sistre égyptien: objet sonore et effigie hathorique." *Musiques ! Echos de l'antiquité* : 64-65.

Emerit, S. 2008. "Le vocabulaire de la musique égyptienne ancienne et ses particularités." *Studien zur Musikarchäologie VI, Orient-Archäologie 22* : 429-438.

Emerit, S. 2013. *Le statut du musicien dans la Méditerranée ancienne : Égypte, Mésopotamie, Grèce, Rome.* Paris.

Emerit, S. 2016. "The harps from Dra 'Abu el-Naga : New organological and archeological evidences." *Studien zur Musikarchäologie X, Orient-Archäologie 37* : 105-113.

Emerit, S. 2017. "Trois nouvelles harpes découvertes à Thèbes ouest: quel apport pour l'égyptologie?" *Proceedings of the XI International Congress of Egyptologists* : 192-197.

Emerit. S and Guichard, H. and Jeammet, V. 2017. *Musiques! Echos de l'antiquité.* Lens.

Empereur, J. Y. 1998. *Alexandrie redécouverte.* Fayard Stock. Paris (ジャン-イヴ・アンプルール (周藤芳幸他訳) 1999.『甦るアレクサンドリア—地中海文明の中心都市—』河出書房新社).

Erik, H. and Betsy, B. 2002. *The Quest for Immortality, Treasures of Ancient Egypt.* Washington, D. C.

Farmer, H. G. 1957. "The Music of Ancient Egypt." *The New Oxford History of Music : Volume I : Ancient and Oriental Music* : 491-492.

Faulkner, R. O. 1969. *The Ancient Egyptian Pyramid Texts.* Oxford.

Finegan, J. 1979. *Archaeological History of The Ancient Middle East.* Westview Press. New York (ジャック・フィネガン (三笠宮崇仁訳) 1983.『考古学から見た古代オリエント史』岩波書店).

Gabolde, L. 1987. "La Chronologie du règne de Thoutmosis II, ses conséquences sur la datation des momies royales et leurs répercutions sur l'histoire du développement de la Vallée des Rois." *Studien zur Altägyptischen Kultur 14* : 61–87.

Gabolde, M. 1998. *D'Akhenaton à Toutânkhamon.* Paris.

Gabolde, M. 2001. "Das Ende der Amarnazeit." *Das Geheimnis des goldenen Sarges* : 9-41.

Gardiner, A. 1964. *Egypt of the Pharaohs.* Oxford.

Grajetzki, W. 2003. *Burial Customs in Ancient Egypt : Life in Death for Rich and Poor.* London.

Grimal, N. 1988. *A History of Ancient Egypt.* Paris.

Hagel, S. 2009. *Ancient Greek Music : A New Technical Ancient Greek Music : A New Technical History.* Cambridge.

Harris, J. R. 1973. "*Nefertiti Rediviva.*" *Acta Orientalia 35* : 5-13.

Hawass, Z. 2018. *Tutankhamu : Treasures of the Golden Pharaoh, The Centennial Celebration.* New York.

Hawass, Z. and Sahar, N. 2016. *Saleem Scanning the Pharaohs : CT Imaging of the New Kingdom Royal Mummies.* Cairo.

Hawass, Z. and Vannini, S. 2009. *The lost tombs of Thebes : life in paradise.* United Kingdom.

Helck, W. and Otto, E. and Westendorf, W. 1980. "Sistrum." *Lexikon der Ägyptologie Band III* : 959-966.

Helck, W. and Otto, E. and Westendorf, W. 1980. "Ihi." *Lexikon der Ägyptologie Band III* : 126.

Helck, W. and Otto, E. and Westendorf, W. 1980. "Musik." *Lexikon der Ägyptologie Band III* : 229-244.

Helck, W. and Otto, E. and Westendorf, W. 1980. "Klapper." *Lexikon der Ägyptologie Band III* : 448-452.

Helck, W. and Otto, E. and Westendorf, W. 1984. "Schu" *Lexikon der Ägyptologie Band V* : 735-737.

Hickmann, H. 1946. *La Trompette dans L'Égypt ancienne.* Cairo.

Hickmann, H. 1949a. *Catalogue général des antiquités égyptiennes du Musée du Caire. N° 69201-69852. Les instruments de musique.* France.

Hickmann, H. 1949b. "Sur les survivances de la chironomie égyptienne dans le chant liturgiquecopte." *Miscellanea musicologica 3* : 417-421.

Hickmann, H. 1952. *La musique polyphonique dans l'Egypte anicienne.* Caire.

Hickmann, H. 1954. "La problème de la notation dans l'Egypte ancienne." *Bulletin de l'institut d'Egypte 36* : 399-531.

Hickmann, H. 1956. "Une scene de musique pharaonique." *Revue belge de musicology 10* : 1-2.

Hickmann, H. 1958. "La chironomie dans l'Egypte pharaonique." *Zeitschrift für Ägyptische Sprache und Altertumskunde 83* : 96-127.

Hickmann, H. 1961. *Ägypten. Musikgeschichte in Bildern.* Leipzig（ハンス・ヒックマン 1986.『人間と音楽の歴史　エジプト』音楽之友社).

Hickmann, H. 1965. *Die Musik in Geschichte und Gegenwart 12.* Ludwig.

Hintze, F. 1963. "Musawwarat es Sufra. Vorbericht über die Ausgrabungen des Instituts für Agyptologie der Humboldt- Universität zu Berlin, 1961-1962." *Wissenschaftliche Zeitschrift der HumboldtUniversität zu Berlin, Gesellschafts- und Sprachwissenschaftliche Reihe 12* : 63-77.

Holmes, P. 2000. "The Greek and Etruscan Salpinx." *Vorträge des 6. Symposiums der Internationalen Studiengruppe Musikarchäologie im Kloster Michaelstein 1* : 241-260.

Hornung, E. 1996. *Conceptions of God in Ancient Egypt.* London.

Hornung, E. and Krauss, R. And Warburton, D. 2006. *Ancient Egyptian Chronology.* Leiden&Boston.

Ikram, S. and Dodson, A. 2010. *Beyond the Horizon : Studies in Egyptian Art, Archaeology and History in Honour of Barry J. Kemp.* Cairo.

Iversen, E. 1995. *Canon and Proportions in Egyptian Art.* London.

Kirby, P. 1947. "The trumpets of tut-ankh amen and their successors." *the journal of the royal anthropological institute of great Britain and Ireland* : 33-45.

Köpp, J. H. 2015. "The artist behind the Ancient Egyptian Love Songs: Performance and Technique." *Sex and the Golden Goddess II The World of the Ancient Egyptian Love Songs* : 35-60.

Lawergren, B. 2003. "Oxus Trumpets, ca. 2000-1800 BCE: Material overview, Usage, Societal Role, and Catalog." *Extrait d'Iranica Antiqua, Vol 38* : 41-118.

Lehner, M. 1997. The complete pyramids. Thames & Hudson. London（マーク・レーナー（内田杉彦訳）2000.『ピラミッド大百科』東洋書林）.

Lichtheim, M. 1945. "The Songs of the Harpers." *Journal of Near Eastern Studies 4, no. 3* : 178-212.

Lichtheim, M. 1945. 2008. "Native and foreign elements in the musical life of ancient Egypt." *Studien zur Musikarchäologie VI, Orient-Archäologie 22* : 155-162.

Lucas, A. 1948. *Ancient Egyptian Materials and Industries.* London.

Lucas, A. 2011. *Ancient Egyptian materials and industries, 4th edn.* London.

Macadam, M. F. L. 1955. *The Temples of KawaII, 2 Vols.* London.

Malek, J. 1999. *Egyptian Art.* Phaidon Press. London（ヤロミール・マレク（近藤二郎訳）2004.『世界の美術　エジプト美術』岩波書店）.

Mallaby, C. F. and Battiscomb, G. 1926. *Teti pyramid Cemeteries.* Cairo.

Manley, B. 1997. *The Penguin historical atlas of ancient Egypt.* Penguin Books（ビル・マンリー（鈴木まどか監訳）1998.『地図で読む世界の歴史　古代エジプト』河出書房新社）.

Manniche, L. 1971. "Les scènes de musique sur les talatat du IXe pylône de Karnak." *Kêmi 21* : 155-164.

Manniche, L. 1975. *Ancient Egyptian Instruments.* Berlin.

Manniche, L. 1976. *Musical Instruments from the Tomb of Tutankhamun.* London.

Manniche, L. 1991a. *Music and Musicians in Ancient Egypt.* London（リーサ・マニケ（松本恵訳）1996.『古代エジプトの音楽』弥呂久）.

Manniche, L. 1991b. "Music at court of the Aten: symbolic transference of food offerings." *Amarna Letters 1* : 62-65.

Manniche, L. 2000. "Musical practice at the court of Akhenaten and Nefertiti." *Studien zur Musikarchäologie II, Orient-Archäologie Band 7* : 233-238.

Manniche, L. 2008. "Nefertiti: den smukke med de to sistrer." *Tidernes morgen, på sporet af kulturens kilder i det gamle Mellemøsten* : 128-137.

Manniche, L. 2010. "The cultic significance of the sistrum in the Amarna Period." *Egyptian culture and society : studies in honour of Naguib Kanawati 2* : 13-26.

Manniche, L. and Osing, W. J. 2006. "an egyptian lyra in leiden." *Studien zur Musikarchäologie V, Orient-Archäologie Band 20* : 129-141.

Maspero, G. 1915. *Le musèe ègyptien III.* Caire.

Mieroop, M. 2011. *A History of Ancient Egypt.* Oxford.

Mohamed, M. A. 2010. "Frequencies Analysis of the Reconstructed Pharaonic Musical Instrument Tones: summary of the Report." *Studien zur Musikarchäologie VII, Orient-Archäologie 25* : 291.

Montagu, J. 1978. "One of Tut'ankhamūn's Trumpets." *Journal of Egyptian Archaeology 64* : 133–134.

Montagu, J. 2017. "Tutankhamon'sTrumpets and the Ḥatsots'rōt." *Musical Instruments of the Bible* : 1-8.

Morris, E. 2017. "Middle Kingdom clappers, dancers, birth magic, and the reinvention of ritual." *company of image modelling the imaginary World of middle Kingdom Egypt (2000-1500 BC)* : 285-336.

Muga, G. M. 2019. "Music terminology in Ancient Egypt, a lexicographic study of verbal expressions concerning the playing of musical instruments." *Kandidatuppsats i Arkeologi med inriktning mot Egyptologi 15* : 1-32.

Museum of fine arts Boston. 1982. *Egypt's Golden Age : The Art of Living in New Kingdom 1558-1085 B.C.* Boston.

Naville, E. 1907. *The XIth dynasty temple at Deir el-Bahari Part 1.* London.

Naville, E. 1908. *The temple of Deir el Bahari Band 6 : The lower terrace, additions and plans.* London.

Naville, E. 1910. *The XIth dynasty temple at Deir el-Bahari Part 2.* London.

Noblecourt, C. D. 1995. Amours et fureurs de La Lointaine. *Clés pour la compréhension de symboles égyptiens.* Pernoud Stock. Paris（クリスチアヌ・デロ ーシュ＝ノブルクール（小宮正弘訳）2001.『エジプト神話の図像学』河出書房新社).

Perre, A. V. 2014. "The Year 16 Graffito of Akhenaten in Dayr Abu Hinnis." *Journal of Egyptian History 7* : 67-108.

Petrie, F. 1927. *Objects of daily use.* London.

Phillips, J, P. 2002. *The columns of Egypt.* Manchester.

Porter, B. and Moss, R. 1964. *Topographical Bibliography of Ancient Egyptian Hieroglyphic Texts, Reliefs and Paintings. Volume I : The Theban Necropolis. Part II : Royal Tombs and Smaller Cemeteries.* Oxford.

Radwan, A. 2003. "Gedanken zu einigen Statuetten aus dem Grab des Tutanchamun." *Es werde niedergelegt als Schriftstück: Festschrift für Hartwig Altenmüller zum 65. Geburtstag* : 335-345.

Randall-Maciver, D and C Woolley, L. 1911. *Buhen.* Philadelphia.

Ray, J. 2002. *Reflections of Osiris: Lives from Ancient Egypt.* New York.

Redford, D. B. 2013. "Akhenaten: New Theories and Old Facts." *Bulletin of the American Schools of Oriental Research No. 369* : 9-34.

Reeves, N. 1990. *The complete Tutankhamun: the king, the tomb, the royal treasure.* Thames & Hudson. London(ニコラス・リーヴス(近藤二郎訳)1993.『図説　黄金のツタンカーメン(Reeves, C. N.)』原書房).

Reeves, N. 2015. *The Burial of Nefertiti?.* London.

Reeves, N. and R. Wilkinson 1996. *The complete Valley of the Kings.* Thames & Hudson(ニコラス・リーヴス,リチャード・H・ウィルキンソン(近藤二郎訳)1998.『図説　王家の谷百科 ファラオたちの栄華と墓と財宝』原書房).

Reynders, M. 1998. "Names and types of the Egyptian sistrum." *Proceedings of the Seventh International Congress of Egyptologists, Cambridge, 3-9 September 1995* : 945-955.

Robins, G. 1993. *Proportion and Style in Ancient Egyptian Art.* London.

Ruffer, M. A. 1921. *Studies in the Palaeopathology of Egypt.* Chicago.

Sachs, C. 1921. *Die Musikinstrumente des alten Ägyptens.* Berlin.1940. "Egypt." *The History of Musical Instruments* : 86-97.

Sakkarah Expedition. 1938. *The mastaba of Mereruka.* Chicago.

Sauneron, S. 1968. *L'égyptologie.* Presses universitaires de France(セルジュ・ソヌロン(鈴木まどか訳)1976.『エジプト学』白水社).

Schäfer, H. 1986. *Principles of Egyptian Art.* Oxford.

Schnider, T. 1994. *Lexikon der Pharaonen.* Zurich.

Shakweer, R. 2010. "Continuity between Ancient Egypt Music and Contemporary

Music: Techniques of Playing the Harp and the Flute (Nay)and Their Indications." *Studien zur Musikarchäologie VIII, Orient-Archäologie 27* : 31-37.

Shaw, G. 2012. *THE PHARAOH*. London (ギャリー・ショー (近藤二郎訳) 2014.『ファラオの生活文化図鑑』原書房).

Shaw, I. 2000. *The oxford History of Ancient Egypt*. Oxford.

Shaw, I. 2004. Ancient Egypt. OUP. Oxford (イアン・ショー (近藤二郎, 河合望訳) 2007.『古代エジプト』岩波書店).

Shaw, I. and Nicholson, P. 1995. *The British Museum dictionary of ancient Egypt*. British Museum Press. London (イアン・ショー、ポール・ニコルソン (内田杉彦訳) 1997.『大英博物館古代エジプト百科事典』原書房).

Siliotti, A. 1994. *Egypt: Splendours of an Ancient Civilization*. Thames & Hudson. London (アルベルト・シリオッティ (鈴木八司訳) 1995.『エジプト―驚異の古代文明―』新潮社).

Sist, L. 1976. "La presentazione dei sistri." *Oriens Antiquus 15* : 227-232.

Söderberg, B. 1968. "The Sistrum." *A Musicological Study, Ethnos* : 90-133.

Sourouzian, H. 1999. "La statue du musicien Ipi jouant de la flûte et autres monuments du règne de Snofrou à Dahchour." *L'art de l'Ancient Empire égyptian* : 149-167.

Taylor, J. H. 1989. *Egyptian Coffins*. London.

The Epigraphic Survey. 1980. *The Tomb of Kheruef. Theban Tomb 192*. Chicago.

The Epigraphic Survey. 1930. *Medinet Habu, Volume I. Earlier Historical Records of Ramses III*. Chicago.

Vallon, S. H. 1949. "Que savons-nous de la musique pharaonique?" *Formes et Couleurs-Egypte 11* : 12.

Vandersleyen, C. 1995. *L'Égypte Empire à la fin du Nouvel Empire*. Paris.

von Lieven, A. 2006. "The social standing of musicians in ancient Egypt." *Studien zur Musikarchäologie V, OrientArchäologie 20* : 356-360.

von Lieven, A. 1986. "A wooden sistrum handle." *Varia Aegyptiaca 2 (1)* : 73-78.

Verner, M. 1997. *Pyramidy, Tajemství minulosti*. Academia. Prag (ミロスラフ・ヴェルナー (津山拓也訳) 2003.『ピラミッド大全』法政大学出版局).

Wegner, J. F. 2017. *The Sunshade Chapel of Meritaten from the House-of-Waenre of Akhenaten*. Philadelphia.

Wilkinson, G. 1890. "Music." *A popular account of the ancient Egyptians Vol I* : 82-140. London.

Wilkinson, R. H. 2000. *The Complete Temples of Ancient Egypt*. Thames & Hudson. London（リチャード・H・ウィルキンソン（内田杉彦訳）2002.『古代エジプト神殿大百科』東洋書林）.

Wittmann, G. 1974. "Was there a coregency of Ahmose with Amenophis I?" *Journal of Egyptian Archaeology 60* : 250-251.

Wolfgang, D. 1992. *Sports and Games of Ancient Egypt*. Yale University Press（デッカー・ウォルフガング（津山拓也訳）1995.『古代エジプトの遊びとスポーツ』法政大学出版局）.

Ziegler, C. 1979. *Catalogue des instruments de musique égyptiens: Musée du Louvre*. Paris.

Recreating the sound of Tutankhamun's trumpets
https://www.bbc.com/news/world-middle-east-13092827 より 2020.9.15 アクセス確認済み。

アッティラ・チャンパイ 1998.『名作オペラブックス（13）アイーダ』音楽之友社.

上尾信也 2000.『音楽のヨーロッパ史』講談社.

大城道則 2013.『ツタンカーメン―「悲劇の少年王」の知られざる実像―』中央公論新社.

ハワード・カーター（酒井傳六, 熊田亨訳）1966.『ツタンカーメン発掘記』筑摩書房.

片岸直美 他 1997.『ナイルに生きる人びと』山川出版社.

片山千佳子 1979.「＜概論＞古代エジプトの音楽―先王朝時代から新王国時代まで―」, 杉勇編『エジプトの秘寶4 トゥト・アンク・アメンⅡ』pp.315-326, 講談社.

河合望 1999.「トゥトアンクアメン王の「復興碑」について」『エジプト学研究（7）』pp.46-60, 早稲田大学エジプト学会.

河合望 2012.『ツタンカーメン　少年王の謎』集英社.

河合望 2017.「トゥトアンクアメン（ツタンカーメン）王時代のエジプト」『エジプト学セミナー』pp.41-62, 関西大学国際文化財・文化研究センター.

河合望 2021.『古代エジプト全史』雄山閣.

近藤二郎 他 2004.『古代エジプトへの扉―菊川コレクションを通して―』文芸社.

吹田浩 2009.『中期エジプト語基礎文典』ブイツーソリューション.

杉勇 他 1978.『古代オリエント集』筑摩書房.

高宮いづみ 1991.「エジプト・ナカダ文化における象牙製品について」『古代探叢Ⅲ』pp.635-650, 早稲田大学出版部.

高宮いづみ 2003.『エジプト文明の誕生』同成社.

中野智章 2015.「19世紀に現れた古代エジプト—イギリスとフランスの「エジプト・ブーム—」『貿易風』Vol.10, pp.217-228, 中部大学国際人間学研究科.

野中亜紀 2013.「古代エジプト古王国時代における音楽図像研究」京都市立芸術大学大学院音楽研究科音楽学修士論文（未出版）

野中亜紀 2016.「ツタンカーメン王墓出土のトランペットに関する一考察」『国際人間学フォーラム第13号』pp.13-24, 中部大学国際人間学研究科.

野中亜紀 2018.「古代エジプト音楽研究の現状と課題—音楽学とエジプト学をどう関連づけるか—」『愛知文教大学比較文化研究』pp.53-69, 愛知文教大学.

野中亜紀 2019.「トゥトアンクアメン王墓出土のクラッパーに関する一考察」『貿易風 Vol.14』pp.1-14, 中部大学国際人間学研究科.

野中亜紀 2020a.「トゥトアンクアメン王墓出土のトランペット—図像からみた新解釈—」『物資文化（100）』物質文化研究会.

野中亜紀 2020b.「トゥトアンクアメン王墓出土のシストラムに関する一考察」『古代文化第72号第1号』古代学協会.

野中亜紀 2023.「ツタンカーメン王墓出土の銀製トランペット—ロータス文様からみる楽器の役割—」『愛知文教大学教育研究第13号』pp.25-34, 愛知文教大学.

ザヒ・ハワス（総合監修）2012.『ツタンカーメン展—黄金の秘宝と少年王の真実—』フジテレビジョン.

屋形禎亮（監修）1995.『ナイルの遺産—エジプト歴史の旅—』山川出版社.

吉村作治 2015.『黄金のファラオと大ピラミッド展 国立カイロ博物館所蔵 The golden Pharaohs and Pyramids』TBSテレビ.

あとがき

　最後に「なぜ古代エジプト音楽に興味を持ったのか？　どうやってこの道に進んだのか？」と質問をいただく機会が多いので、書き記しておく。母親の影響で、3歳頃からピアノを習っていた。小学校に入り歌も習わせてもらい、なんとなく音楽でこのまま進んでいきたいな……という気持ちを持った。しかし小学4年生のとき篠原千絵先生の「天は赤い河のほとり（小学館刊）」を読んでヒッタイトに出会った。石畳が残るボアズカレの遺跡に心を奪われ、もっと知りたい！　と思い立ち県立図書館へ行った。しかし、小学生の私に読める日本語のヒッタイト関連の本は2冊しかなかった（田舎だったため、おそらく蔵書も少なかった）。篠原千絵先生の存在が、私の運命を決定づけたといっても過言ではない。

　意気消沈したが、何の因果かツタンカーメン王の死後、ヒッタイトとエジプトは交わることとなる（まさに本著、博士論文のテーマの時代である）。それならばエジプトを手がかりにヒッタイトを探れるのではないか……と思ってエジプト関連の本を読んでみたところ、ミイラにたちまち夢中になった。当時、吉村作治先生のお力もあって、小学生でも読めるエジプトに関する図鑑が多く出版されていた。このままなんとなく好きな音楽で進んでいくんだろうな、と思っていた自分にとって、こんなに面白い世界があるのか、と有頂天になった。中学校の夏休みの自由研究は3年間、すべて古代オリエントの歴史を勉強した。2年間担任を受け持ってくださった長尾定司先生が社会の先生だったこともあり、私の自由研究を1年かけて読んでくださった（我ながら超大作である）。その中で古代エジプト音楽がまったく分からなかったため、これを勉強しよう！　と思った。そうして、愛知県立芸術大学の入学試験で "ピアノの製作について" という小論文課題だったのにもかかわらず、その面接で当時の音楽学コース担当教員の先生方、増山賢治名誉教授、井上さつき名誉教授、安原雅之教授に「古代エジプト音楽を研究したいです」と訴え、「音楽学」の道に入った、

というのが経緯である。講座等でヒッタイト関連の話に力が入るのは、もとをたどればヒッタイトが私を古代エジプト音楽へと導いてくれたからである。大変な"変わり種"が来たと先生方は思われたと思うが、愛知県立芸術大学に入学を認めていただいたため今日の道に進むことができた。

結果的に愛知県立芸術大学で当時「考古学」を担当されていた中野先生との出会いにより、その後の研究を進めることができたため、本当に入学を許可してくださった先生方には、感謝してもしきれない。そして普通科高校から芸大に進ませてくれた、「自分の好きなことをして、食べられるようになりなさい」という訓えの母親にも感謝である。入学試験では音楽学の基礎的知識だけではなく、ピアノ実技や聴音といった専門試験もあったため、そのためのレッスンにも通わせてくれた。

本研究を遂行し、学位論文を提出するにあたり多くのご指導を賜りました。この場をお借りして、感謝の意を述べさせていただきます。まず、主指導教員である中部大学中野智章教授に深く感謝いたしております。時に応じて厳しくご指導いただいたこと、また優しく励ましてくださったことは、自身の人生において決して忘れることのできない、大きな財産となりました。博士後期課程での経験は、自身のこれまでの至らなさを痛感し、今後の研究人生の糧になるものと確信しております。博士課程進学以前から長きにわたり、多大なるご指導を賜りましたことにつきましては、感謝の念に堪えません。また、副指導教員としてさまざまなご指導を賜りました和崎春日名誉教授、中山紀子教授、財部香枝教授、杓谷茂樹教授（現：公立小松大学）に深く御礼申し上げます。

名古屋大学の周藤芳幸教授には、ご多忙の中、外部審査員をお引き受けいただき、多くのご助言を賜りましたことに御礼申し上げます。あわせて日本を代表するエジプト学者が集う古代エジプト研究会には2013年度より参加をさせていただき、屋形禎亮先生をはじめとする諸先生には、研究に関する大変有益なご助言の数々を賜りました。

さらには、本書第5章の音響学のシミュレーション実験結果を提供していた

だくとともに有益なご助言を賜りました、京都市立芸術大学津崎実元教授にも厚く御礼を申し上げます。音楽学と民俗学に関してご指導くださった愛知県立芸術大学井上さつき名誉教授、安原雅之教授、京都市立芸術大学龍村あや子名誉教授、論文提出にあたって多くのご助言を賜りました愛知文教大学学長富田健弘教授、また、本書の執筆にあたり図版の制作を補助いただいたデザイナー宇佐美果歩氏、馬場綾氏、出版社の株式会社みらい編集部の海津あゆ美氏に感謝いたします。最後にこれまで自分の進む進路に対し、温かく見守り、そして度々助言し支援してくれた両親と妹に感謝の意を表して謝辞といたします。

　そしてこの本を手に取ってくださった皆さま、本当にありがとうございました。

2023 年 6 月
野中亜紀

著者紹介

野中　亜紀（のなか・あき）

1988年岐阜県生まれ。
愛知県立芸術大学音楽学部音楽学コース卒業、京都市立芸術大学大学院音楽研究科
音楽学専攻修了、中部大学大学院国際関係学専攻博士後期課程修了。博士（国際関
係学）。専門は、古代エジプト音楽。
現在、愛知文教大学非常勤講師、愛知文教女子短期大学非常勤講師。愛知文教大学
サテライトカレッジ講師。
中部大学サテライトカレッジ「古代エジプト史」講師、尾張旭市成人大学「古代エ
ジプト史」講師を務める。全国で古代エジプト音楽について講演及び演奏会を監修。
クラシック音楽CDの曲目解説、演奏会での曲目解説、レクチャーコンサート等の
MC、シニア公開講座等で講演を行っている。

ツタンカーメン王墓出土の楽器
―エジプト学と音楽学のはざまで―

発　行　日	2023年7月31日　初版第1刷発行	
著　　　者	野中亜紀	
発　行　者	竹鼻均之	
発　行　所	株式会社みらい	
	〒500-8137　岐阜市東興町40番地　第5澤田ビル	
	TEL　058（247）1227(代)	
	FAX　058（247）1218	
	https://www.mirai-inc.jp/	
印刷・製本	西濃印刷株式会社